《蘇州全書》編纂出版委員會 編

·〔紹定〕吳郡志

蘇州全書

甲編

古吳軒出版社
蘇州大學出版社

吳郡志卷第二十四

吳郡范成大撰

人物

張裕字茂度敞之子爲廣州刺史綏靜百越嶺外安之解職還家徵爲都官固辭以疾就加金章紫綬茂度內足於財自絕人事經始本縣之華山爲居止優遊野澤如此者七年爲會稽太守有吏能職事甚理卒於官守謚曰恭子子演位太子中舍人弟鏡永辯岱俱知

名時謂張氏五龍
張鏡裕之次子少與顔延之鄰居延之常談義
飲酒喧呼鏡靜黙無言聲後鏡與客談延之
從籬邊聞之取胡牀坐聽辭義清濬延之心
服謂客曰彼有人焉由是不復酣叫仕至新
安太守
張永字景雲裕之第三子涉獵書史能爲文章
善隸書騎射雜藝觸類兼善又有巧思大爲
文帝所知紙墨皆自營造上每得永表啓輒

勑玩咨嗟自歎供御者不及授揚威將軍都
督諸將經略河南後爲青冀二州刺史統諸
將討薛安都封孝昌縣侯改吳郡太守遷南
兗州刺史加都督永以便驅馳志在宣力其
爲將帥能與士卒同甘苦年雖老志氣不衰
子環仕齊

張岱字景山裕之幼子仕宋爲東遷令殷沖爲吳
興太守謂人曰張東遷棲遲下邑名器方顯
終當大至歷臨海豫章晉安三王府諮議自

謂一心可以事百君我爲政端平待物以禮
悔吝之事無由而及從益州刺史益士安其
政齊建元初爲吳郡太守高帝知岱歷任清
直至郡未幾手敕曰大郡任重未欲回換但
總戎務殷宜須望實令用卿爲護軍加給事
中岱拜竟詔以家爲府武帝即位復爲吳興
太守更以寬恕著名遷南兗州刺史未拜卒
謚貞
張邵字茂宗裕之弟初爲晉琅邪内史王誕龍

驤府功曹（從木從亡 從亘從厶）徙誕於廣州親故咸離

棄之唯邵情禮彌謹流涕追送時寇亂年飢

又貧饋其妻子武帝以郡勤練憂公補州主

簿邵悉心政事精力絶人帝受命以佐命功

封臨沮伯卒謚曰簡遺命祭以菜果葦席為

轜車諸子從焉子敷

張敷（字景胤）生而母亡年數歲問之使有感慕之色求

母遺物唯得一扇緘録之每感思輒開笥流

涕性整貴風韻甚高好讀（從去從厶）書兼屬文論

少有盛名帝見而愛之與高士宗少文談繫象少文曰吾道東矣於是名價日重宋武帝召見奇之曰真千里駒也仕至黄門侍郎後軍司徒左長史父亡十餘日始進水漿葬畢不進鹽菜毀瘠成疾未朞而卒孝武旌其孝追贈侍中名其所居曰孝張里

張暢字少微禕之子少與從兄敷演鏡齊名爲後進之秀元嘉中累遷安北長史魏太武南侵至彭城暢於城上與魏尚書李孝伯語吐

屬如流音韻詳雅風儀華潤魏人相視歎息改爲南譙王義宣長史元凶弒逆義宣舉兵暢哀容俯仰蔭映當時見者皆願爲盡命事平封夷道縣侯義宣有異圖暢遣門生苟僧寶下都因顏竣陳義宣釁狀義宣敗暢見原轉侍中會稽太守卒謚曰宣

張緒字思曼演之子少知名清簡寡欲從伯敷及叔父鏡並貴異之鏡語人曰此兒令之樂廣也謝敷云是我輩人宋明帝每見緒輒歎

其清談袁粲謂有正始遺風出爲吳郡太守
齊建元初爲中書令素望甚重太祖深加敬
異王儉嘗云北土中覓張緒過江未有人不
知陳仲弓黃叔度能過否長於易言精理奥
見宗一時吐納風流聽者皆忘飢疲見者肅
然如在宗廟雖終日與居莫能測焉益州獻
蜀柳狀若絲縷武帝植之靈和殿前賞玩咨
嗟曰此楊柳風流可愛似張緒當年時每朝
見世祖目送之謂王儉曰緒以位尊我我以

欲賞緒其見賞如此緒口不言利有財輒散之清言端坐或竟日無食門生見緒飢爲之辦飧然未嘗求也死之日無宅以殯遺命作蘆蔑轜車引柩上置盃水香火不設祭焉諡簡子子嶷仕齊

張瓌字逸祖永之子仕宋不欲前兄瑋處祿免官不拜遭永喪還吳昇明元年劉秉有異圖弟遐爲吳郡潛相影響齊高帝密令瓌取遐諸張世有豪氣瓌與叔恕領兵十八人入郡

斬之郡內莫敢動者[illegible]告張沺曰環以百
口一擲出手得盡[illegible]拔吳郡守錫以嘉名
封義成縣侯郡人[illegible]閑少年未知名環
引爲綱紀後並立名譽以爲知人環以既有
國秩不取郡俸高帝束土庫別藏其俸以表
其清鬱林之廢朝臣希承明帝環託脚疾不
至見朝廷多難屢啓還吳梁天監中卒弟稷
子率並仕梁
張沖字思約敷弟東之子母戴顒女有儀範張

氏內取則焉沖少有至性仕齊爲青冀二州
刺史沖父初卒遺命曰祭我必以鄉土所産
無用牲物沖在鎮四時還吳取果菜流薦
焉後遷郢州封定襄侯梁武帝起兵手書喻
意又遣辯士說之沖確然不回明年梁兵圍
之沖固守不出病將死屬府僚以誠節言終
而卒贈散騎常侍護軍將軍
張融字思光暢之子弱冠有名神明俊出機辯
如流道士同郡陸脩靜以白鷺羽麈尾扇遺

之曰此既異物以奉異人仕宋爲封溪令路經嶂嶮獠賊執融將殺食之融神色不動方作洛生詠賊異之而不害也融風止詭越見者驚異聚觀齊高帝素愛融常笑曰此人不可無一不可有二善草書常自美其能帝曰卿書有骨力但恨無二王法荅曰非恨臣無二王法亦恨二王無臣法義宣之亂官軍欲殺融父暢張興世以袍覆暢而坐之得免興世卒融著高履負土成墳興世子欣時坐罪

當死融又啓竟陵王欲代欣時死王義之建
武中病卒遺令建白旐無旒不設祭三千買
棺無製新衾有玉海集行於世張氏前有敷
演鏡暢後有充融卷稷弟寶積
張寶積何點謂爲保家之主永元中乘腰輿謁
蕭穎胄舉動自若穎胄問何至之晚答曰自
本朝危亂四海横流既不能爲比干之死實
未忍爲微子之去是以至晚穎胄深善之後
仕御史中丞

梁張稷字公喬瓌之弟幼有至性所生母喪常設神坐出告反面如事生州里謂之淳孝父母没廬墓六年性疎率明悟有才略仕齊衛尉卿東昏之難爲梁武佐命然常愧之徐道角作亂見害奉禄皆頒親故家無餘財與族兄充融卷並知名時號四張子嵊姪率率弟盾

張卷字令遠稷族兄少以和理著稱能清言仕至都官尚書

張嵊字四山稷子少篤孝年三十餘猶斑衣受稷杖方雅有志操能清言感家禍終身蔬食布衣不執刀刃不聽音樂仕梁湘東王長史王爲之籤得節卦謂嵊曰卿後當東入爲郡恐不得終其天年嵊曰貴得其所耳爲吳興太守侯景圖建鄴遣弟伊率兵赴援賊將劉神茂遣使説嵊嵊斬其使景遣侯子鑒擊嵊嵊軍敗釋戎服坐聽事賊臨以刃不屈執送景將舍之嵊曰速死爲幸與子孫同遇害者

十餘人景欲存其一子曰吾一門已在鬼録不就爾劇求恩於是皆死元帝追贈開府儀同三司謚忠貞子弟畢亦知名

張率字士簡瓌之子性寛雅十二能屬文毎日限爲文一篇至年十六九作二千餘篇陸少從之家有書萬卷率盡讀之齊建武中舉秀才沈約目爲南金梁武帝時爲文德待詔帝見其文曰相如工而不敏枚臯速而不工卿可謂兼二子之全矣又謂曰卿東南物望名

家奇才若復以禮律爲意便是宰相才祕書丞天下清官東南望胄未有爲之者今以相處爲卿定名譽尋以爲祕書丞出爲新安太守率嗜酒於家務尤忘懷自少屬文七略及藝文志所載詩賦今亡其文者並補作之所著文衡十五卷文集四十卷行於世

張盾字士宣率之弟以謹重稱爲湘東王記室出監富陽令廓然獨處無所用心身死之日家無遺財唯有文集并書千餘卷酒米數甕

而已

張種字士苗永從孫祖辯宋大司農父略太子中庶子種少恬靜居處雅正傍無造請時人語曰宋稱敷演梁則卷充清虛學尚種有其風仕梁始豐令母卒毁瘠過甚又迫凶荒未葬服雖畢居家飲食常若在喪景平初王僧辯以聞起爲中從事并爲具葬禮葬訖方即吉陳武帝受禪累遷中書令種沈深虛靜識量宏博時以爲宰相之器卒贈特進謚元子

種雖歷顯位，家產屢空，終日晏然，不以爲意

張稜仕梁，種之弟，清靜有識度，位司徒左長史、光禄大夫

張充字延符，緒之子，少好逸遊，嘗臂鷹牽狗，吳西郭中年三十便脩改，多所該涌，尤明老易，能清言，與從叔稷俱有令譽。仕齊，歷尚書殿中郎。王儉用事，方聚親賓，充轂巾葛帔至，便求酒言論，放逸一坐盡傾。遷義興太守，爲政清淨。入爲侍中，梁武帝兵至建鄴，東昏遇禍

百官集西鍾下召充充不至歷梁吏部尚書
居選以平允稱遷尚書僕射頃之爲吳郡太
守卒謚穆子

張繹字士和郡人學道講經理致深密詞端華
辯當時所宗梁武帝雅相欽賞時陶隱居著
法檢論明釋老二教繹往復討論甚有條理
隱居嘉焉專心道法居貧守約善八體書別
製雲篆作茅山南洞碑甚工經太平
張昭字德明弟乾字元明吳人昭幼至孝父熯

病消渴嗜鮮魚昭結網捕魚以供弟乾聰敏
好學亦有至性父卒兄弟並不衣綿不食鹽
醋日食一升麥屑粥每感慟必歐血父服未
終母陸氏又卒兄弟毀瘠骨立家貧未得大
葬布衣蔬食十有餘年衡陽王伯信臨郡舉
乾孝廉固辭兄弟因毀成疾昭一目失明乾
亦中冷苦癖年未五十並終于家嗣息俱絕
張仲字叔從云從厶郡人仕陳左中郎將好覃思經
典撰春秋義略喪服孝經論語義前漢音義

官至漢王侍讀

張後從亂從彳字嗣宗崑山人祖僧紹梁零陵太守

父沖陳國子博士入隋爲漢王諒并州博士

後從亂從彳以學行禪其家以經授太宗封新野縣

公終散騎常侍謚曰康

張承休後嗣孫張説撰其墓志云後嗣之子小

師小師生承休承休希言篤行去華崇實非

法不由非禮不動精於理物敏於從政曁朝

議大夫上柱國從小從亘州刺史説之文曰昌門

一分暉我諸侯蓋居閶門云
張鎰字季權後嗣五世孫父齊丘朔方節度使
東都留守諡貞獻鎰累殿中侍御史將救虔
縱死白其母曰縱免而鎰貶縣則負官貶則
爲太夫人憂毋曰兒無累於道吾所安遂執
正其罪坐貶撫州司户建中二年拜中書侍
郎平章事盧杞忌鎰剛直擠之出爲鳳翔隴
右節度使帝幸奉天鎰罄家貲將自獻行在
營將李楚琳嘗事朱泚夜率其黨作亂遂遇

害史臣曰鑑晏恭忠王室爲賊姦所乗以殞其
身蓋福善禍淫之訓有時而撓要躬可殞而
名與岱崧等矣

張從師郡人張說撰其墓志云河南府法曹叅
軍有唐逸士吳郡張從師沖和純粹辯博閎
達卓犖好古儻蕩逸羣秀才髙第歷官五政
忘懷樂道如浮雲無心野鶴獨立上元二年
終葬虎丘西原子惟儉惟靜弱歲皆精左氏
穀梁春秋弟從申時爲秘書省正字從師祖

損之隋侍御史水部郎損之生滋頊學士顥彦
名動京師從師之父也從申自有時名書法
甚高

張旭吳人草書嗜酒每大醉呼叫狂走乃下筆
或以頭濡墨而書既醒自視以爲神不可復
得也世呼張顛初仕爲常熟尉有老人陳牒
求判宿昔又來旭怒其煩老人曰觀公筆蹟
奇妙欲以藏家爾旭因問所藏盡出其父書
旭視之天下奇筆也自是盡其法後人論書

歐虞褚陸皆有異論至旭無非短者傳其法惟崔邈顔眞卿文宗時詔以李白歌詩裴旻劒舞張旭草書爲三絶

張僅字幾道與里人顧棠字叔思皆客於王荆公公作三經義二人與焉僅至著作佐郎卒方子通作挽詩極哀楚誦者爲出涕吳人因目子通爲方挽詩吳郡聲名顧與張龍門當日共升堂靑衫始見登華省毋旂俄聞入故鄉含淚孤兒生面垢斷腸慈母滿頭霜可憐十載人間事不及南柯一夢長

吳郡志卷第二十四

吴郡志卷第二十五

吴郡范　成大　撰

人物

揖收字藏之父遺直咨死姑蘇收七歲而孤遂居吴處喪若成人母長孫親授經十三通大義善屬文所賦輒就吴人號神童里人多造門觀賦詩至壓敗其藩懿宗時以中書侍郎同中書門下平章事子鉅散騎常侍鏻户部尚書

徐修矩吳人仕爲恩王府記室參軍奕世才賢承家介絜守世書萬卷優游自適有潮田五萬步草屋十數間不復出仕皮日休嘗就借書讀之與任晦同時日休與陸龜蒙作二游詩謂修矩與晦也

任晦吳人仕爲涇縣尉退居里中有深林曲沼危亭幽砌池中又爲島嶼脩篁嘉木掩映隈奥晦資高放寡合好奇樂異喜文學名理之士得顧辟彊舊圃以居云 松陵集

孫發吳人舉百篇科皮日休贈以詩云百篇宮體喧金屋一日官銜下玉除陸龜蒙亦云直應天授與詩情百詠惟消一日成其見推當時如此後未有繼之者

皮光業字文通父日休為蘇州從事光業生於蘇十歲能屬文錢武肅王鏐辟以為屬吳越國建以為相教令儀注多其所定美容儀善談論若神僊中人吳越備史

殷宅字昌從少負志氣博學善屬文弱冠遊大

學籍甚公卿間天寳末知天下將亂乃趣裝
東歸侍母居吳郡吳中士大夫得從之游者
鄉黨以爲榮採訪使李希言辟爲從事奏授
試崑山尉不就子侑遂顯官馮宿集

吳仁璧大順中及第喜屬文精星學及黃白術
初學於廬山道士數年其師曰能罷卷學僊
乎仁璧固陳求名之志道士曰一第取之拾
芥耳但它年從宦勿干英雄仁璧既成名錢
武肅王待以表禮訪以天文固辭非所知

[illegible]以詩辯及秦國夫人薨武肅具禮
[illegible]爲誣又不從遂爲錢氏所害其女[illegible]
[illegible]學仁壁祓禁女仰贈而謚曰文星失位友
人其不免乎備史遺事

溫訥蘇州人吳武忠王揚行密時爲大將劉威
幕客行密卒威爲帥府所忌或譖之於徐溫
溫將害之訥說威曰公受謗雖深反本無狀
若輕舟入覲則嫌疑皆亡矣威從之溫果待
威甚厚威得還鎮訥之力也

司馬福郡人始隷吴越王水軍淮人圍姑蘇壘壍環城内外阻絕王遣救兵皆莫致城中音問福能水中行總帥因遣入城淮人設網繫銅鈴鐵鱗過之必覺福以巨竹觸網淮人聞鈴聲亟舉緣網舉而得度或浮水上或數濟潛而行因得入城既而復出凡往水中三日及救兵與城中弓矢相應淮人以為神軍中皆服福奇才進官部署指揮使吴越王城吴江置軍鎮命福主之許老於職至國初不絕備史

丁偃蘇州進士試邇英延講藝詩云白虎前芳
擁金華舊事輕天心非不寤垂忘在蒼生有
古詩諷諫之體偃是歲奏名甚高 御前下
第自是三十年始及第溫公詩話
鄭夷甫郡人少登科有美才嘉祐中監高郵軍
稅遇一術士能推人死期無不驗推夷甫命
不過三十五歲感歎曰堪人有勸其讀老莊
以自廣久之潤州金山一僧端坐與人談笑

聞化去裹肅聞之喟然歎息既不得壽得如此僧復何憾哉乃從佛者授楞嚴經往還吳中歲餘忽有所見曰生死之理我知之矣遂釋然放懷無復芥蔕後調封州判官預知死日先期旬日作書與交游親戚訣及次叙家事備盡至期沐浴更衣公舍外有小園面溪一亭裹肅至其間親督人洒掃及焚香揮手指畫之間屹然立化家人奔出呼已僵立亭亭如植木一手猶作指畫之狀郡守而下少

時皆至士民觀者如堵墻明日乃歛高郵崔伯易爲墓誌略敘其事墨客揮犀筆談

謝濤字濟之淳化三年進士幼奇敏講學陽山澄照寺吳令羅處約長洲令王禹偁皆與定父處約謂禹偁曰濟之揚搉天人吾曹敵也由此聲名益顯　眞宗即位銳意人物內出濤等二十四人治狀會京東强寇起召知曾州歷三司判官兩浙轉運使侍御史直昭文館知越州權西京留司御史臺就拜祕書監

朝廷嘉其恬退擢太子賓客其爲侍御史清靜端介百辟望其風采及分務悉屏去外累不復親筆硯曰佚我以老日閲舊史一卷以代賓話弟炎有文名與盧植齊名時謂之盧

謝

謝絳字希深濤子祥符八年進士召試館閣校勘上疏言國家當以土德王天下又言 眞宗當配上帝議不合河決滑州又言災異衆多宜深自引咎損膳于朝罷不急之役省無

名之歟以休息天下又請罷内降詔令皆由中書樞密院而後施行因進聖治五箴遷知制誥出知鄧州卒子景初景温景平景回

龔識給事中直諱字犯聖朝嫌名儀之子孟端拱元年進士大中祥符間翰林學士李宗諤薦擢監察御史遷殿中侍御史兼左巡使　本朝襲唐制御史不專言職至是始擇學術醇正操履端方可綱紀朝廷者俾入臺言事識始被選後以目疾求退除檢校司封郎中平江軍節度

使　本朝吳士登科者始於識今府學先達
題名以識焉首識之後有宗元等列於後其
家至今居崑山黃姑猶藏其登第時金花榜
貼乃用塗金黃紙闊三寸長四寸許大書姓
名下有兩知舉花押又用白紙作大帖如藥
貼狀貯金花貼於中外亦書姓名二字蓋以
此報其人也自唐以榜帖相傳而世少見其
制故附於此
一謂予謂之長洲六少與孫何善袖文謁王禹

偁大驚重之以爲自唐韓愈柳宗元後二百
年始有此作世謂之孫丁淳化三年進士甲
科累遷夔州路轉運使蠻酋爲寇謂諭以禍
福蠻感泣作誓刻石立境上五年不得代詔
舉自代者乃入爲三司鹽鐵副使大中祥符
五年參知政事九年請外爲平江軍節度使
知昇州天禧初復參政改樞密使代寇準拜
中書門下平章事加司空晉國公　仁宗即
位進司徒侍中爲山陵使授太子少保分司

西京又貶崖州司户參軍在崖五年累徙光州授祕書監致仕卒七十二謂機敏有智謀文字累數千百言經覽輒誦善談笑爲詩至圖畫博奕音律無不洞曉嘗建鄉郡節鉞以至宰相國朝吳人至相位者始於謂　又嘗爲鄉里請於朝特免丁錢鄉人至今德之祠於萬壽寺

許洞字洞天吳縣人父仲容太子洗馬洞踈儁幼習弓矢擊刺長折節勵學精左氏傳咸平

三年第進士爲雄武軍推官詣府白事有停踣坐不起即移書責知州馬知節知節怒劾之除名歸吳所居常植一竹以表特操吳人至今詠之曰許洞門前一竿竹日以酣飲嘗從民坊貰酒大有所負一日忽書壁作酒歌數百言人爭往觀其酤數倍景德中獻所撰虎鈐經應籌策科報罷封太山祀汾陰獻三大禮賦卒於烏江主簿

劉少逸年十一文辭精敏有老成體其師潘閬

携以見長洲令王元之吳縣令羅思純以所作贄二令二令名重當時疑所贄假手未之信因試之與之聯句略不淹思思純曰無風燈焰直少逸曰有月竹陰寒元之曰一回酒渴思吞海少逸曰幾度詩狂欲上天凡數十聯皆敏妙二公驚異聞于朝賜進士及第官止尚書員外郎續歸田録

祝庶幾郡人通象緯之學累赴鄉舉不中第景德中求試所習以爲司天靈臺郎

徐祐字受天擢第爲吏以清白稱慶曆中屛居
吳下日涉園廬以自適終左官員外郎年七
十五
鄭戩字天休吳人居臯橋九歲而孤長客京師
師事楊億天聖三年進士第三累歷龍圖閣
學士知開封府戩強敏善聽決假貸細民繩
治豪宗大姓流姦吏馮士元于海島執政盛
度程琳皆坐黜朝議畏其皦核康定元年同
知樞密院出知杭州發丁數萬開闢西湖民

賴之歷陝西四路都總管經略安撫招討使
行邊至鎮戎軍天寒與將佐置酒會塞虜起
有報西戎至戩云此必川將按邊回耳非賊
騎已而果然以資政殿大學士知并州時契
丹與元昊交惡邊奏互上獨戩不以聞上問
戩對戎狄相攻中國不足憂 仁宗嘗曰戩
氣質英豪朕欲為相故屢試於外尋為宣徽
北使院檢校太保奉國軍節度使卒年六十
三贈太尉謚文肅

吳感字應之以文詞知名天聖二年省試第一
九年中書判拔萃科仕至殿中丞子純文行
亦高鄉人目曰吳先生
元絳字厚之居帶城橋天聖五年進士晏元獻
藩以文章政譽名一時　神宗欲選翰苑之
才王荊公曰有真翰林學士恐不能用爾遂
自外召入翰林未幾參知政事事詳在國史
後以太子少保致仕還吳中與程公闢諸公
爲九老會鄉人號其居曰衮繡坊卒年七十

餘有玉堂集三十卷

程師孟字公闢郡人其高祖思爲錢氏營田使遂居吳師孟居南園側號晝錦坊景祐元年舉進士累遷判三班院給事中判將作都水監歷知楚遂洪福廣越青州爲政簡而嚴剸煩制劇才刃有餘罪非死者不以屬有司獄每爲空寬猛得中所至人悅性樂易純質言無隱情喜爲詩效白樂天而尤簡直至老不改吳語累官光祿大夫致仕年七十八樂圃

宋先生伯原少許可者師孟爲政則曰雖章丹治豫章孔戣帥嶺南常衮化七閩無以加也天下以爲才卿吏師米芾亦云廣平公以文學登科以政事躋顯以言語出疆以恬退告老足之所及功利蔚起云有詩集二十卷奏議十五卷

盧秉父革本德清人舉神童慶曆之後累歷監司有聲請郡自效　神宗嘉其恬退未幾告老累進太子賓客官制行累改通議大夫退

居於吳年八十二今盧提刑橋因其宅以名其家遂爲吳人秉皇祐元年進士元豐中爲發運使父革退老於吳秉每歲上計必請還鄉省侍後帥涇原懇辭歸養手詔慰勉時以爲榮

龔宗元字會之愼儀之孫幼穎悟絶人讀書虎丘爲鄉貢首選天聖五年擢第范文正公謂之曰君器業清脩宅日必爲令器謹勿困人以進宗元後登朝未嘗遊公卿門文正之歎

也終都官員外郎宗元始以都官分司南京
謝事取白居易詩作中隱堂語在園亭條子
程孫況皆繼登科
龔程字信民剛正自守不怵於禍福力學排異
端家不設佛老像祭祀不焚紙錢讀書南峯
攻苦食淡遂博極羣書鄉人號有脚書厨熙
寧六年第進士終桐廬令子況
龔況字濬之崇寧五年進士入館以學術文章
與蘇過在朝俱知名時號龔蘇用宗元中隱

故事自號起隱子終祠部員外郎有起隱集

三十卷

孫載字積中崑山人曾祖漢英仕錢氏爲蘇州

崑山鎮防遏使遂爲縣人載治平二年第進

士歷廣東河北淮西使者知海沂婺亳州治

務大體時號循吏以嘗薦元祐黨人遂丐歸

一日徧謁先壠及嘗與往來者呼妻子與訣

問日早晏盥手焚香而逝年七十五

丁隲吴人元祐中嘗爲左言五上章論何正臣

治獄殘酷巧詆刻深甚於羅織黨錮事載
史

侍其沨字國紀上世自高密徙吳學貫穿經傳
與人交如淡薄過其急奮高義以往不避艱險
五舉禮部退爲鄉先生治平三年没門人弟
子相與議其治行諡曰貞晦先生滕元發志
其墓云士生斯世有進取出力得時行道功
烈被於民者有行義脩潔退而講學爲一鄉
之善士者斯二者用捨不同要皆天下之殭

立君子也善士蓋指沔其慕尚之如此

秦希甫字辨之郡人元豐二年進士元符中爲陝西轉運判官奏王瞻王厚取邈川青唐府庫物因此致變又言河州至湟州道路險隘往者如赴死所湟州本溫溪心故地當求溫氏之後立爲屏翰皆在可弃崇寧初黨論起言者以弃地爲罪降官入黨籍

葉清臣字道卿長洲人父參嘗守郡謝事因居天慶觀之東有賢德名事具七檜堂條下清臣天聖

二年舉進士第二簽書蘇州觀察判官累遷修起居注三班鹽鐵院上疏論地震熒惑犯南斗因訟范仲淹余靖以言事被黜天下齰舌行將二年人主當深自咎責詳延忠直敢言之士出爲兩浙運使豪右田據上游水不得泄民不敢爭清臣請疏盤龍匯滬瀆港入于海民賴其利擢三司使編前後詔勑使吏不敢欺遷歷翰林侍讀學士歷江寧邠澶青永興河陽諸郡清臣幼敏異好學善屬文天

資奕邁遇事敢行數上書論天下事甚陪元
議十要五利皆當世可行者有文集一百六
十卷
錢象先字資元郡人中進士高第宰相呂夷簡
薦其經行爲國子監直講歷大理少卿三司
判官河北江東轉運使天章閣待制龍圖閣
直學士官尚書刑部侍郎又歷知河中河南
府許潁陳蔡亳州以吏部侍郎致仕象先長
於經術　仁宗留神經訓象先以古學進侍

聞有顧問依經以對因以諷論政事時務有啓迪獻納之益留侍經筵前後十五年又通刑名之學所尚詳平又以犯勑者重犯令者輕請移勑文入于令者甚衆又省去議請之條百餘其持法近厚如此修勑成例賜勲懿獨賜三品服　仁宗謂輔臣曰象先以孝聞有母八十歲以此慰其母心熙寧九年卒年八十一

滕甫字元發避高魯王諱以字爲名更字達道

本東陽人范文正公父之甥教以爲文文正
爲郡安定胡先生翼之亦居郡中甫來從學
廷試兩爲第三孫沔一見曰後當爲賢將累
遷御史中丞翰林學士歷開封真定府鄆許
秦定青揚鄧等州終龍圖閣學士謚章敏甫
慷慨豪邁不拘小節近世名將無及者葬陽
山子孫遂爲吴人
蔣堂字希魯本宜興人徙于蘇祥符五年進士
任侍御史論禁中火宜責躬修德不必歸咎

宮人郭皇后廢極論不可出爲淮南發運使薦部吏二百員累遷樞密直學士歷知應天河中府洪杭益蘇州後十二年再守蘇遂謝事以禮部侍郎致仕家於靈芝坊詳見園亭門堂爲人脩絜遇事不少屈好學工文詞延譽晚進至老不倦卒年七十五有吳門集二十卷其絶筆詩云歸來深隱太湖濱天與扶持百歲身雖是浮雲隔雙闕丹心愛戴在君親忠厚之氣終始如此

陳郛隱居里中以琴書自樂丁晉公甥也欲薦
以官拒之續圖經并其弟之奇謂之兩高士
父殿中丞質亦以德行著稱鄉里
陳之奇字虞卿曾祖賚明事錢氏爲中吳軍節
度推官所謂丁陳范謝四長者之奇天聖中
禮部試第四御試不得第居鄉里十年無仕
進意母丁晉公之妹晉公欲官之之奇兄弟
每力辭而勉使復應舉不得已復起得及第
李璋尚秦國大長公主詔舉經術仁義者爲

隴西郡王宅教授數月告歸即致仕郡留其去不可時年未五十未幾詔賜金錢復起之卒不起終太常博士之奇孝於親約於身信於朋友篤行好學知道心泊如不爲聲利所遷其退歸與鄉人同憂樂赴人之急至于州縣無所避州縣以之奇至誠亦不爲疑平居靜默與人言忠孝立身亹亹不倦人莫不以爲君子每出乘驢騎里巷小人見之必斂然曰此吾陳君子也四方賢士大夫至吳必問

陳君所在爭欲一見之王岐公聞其喪曰吾嘗與陳君相從於閭門之下觀其言出入仁義之際眞君子哉乃爲誌其墓而題曰太常博士致仕陳君子之墓云

方惟深字子通其先自莆陽徙吴爲吴下鄉先生文學行義與樂圃朱長文同爲一世所宗章具程俱所撰墓銘其略曰子通幼有稱鄉貢爲第一試禮部不第即弃去吴下有田一廛與其弟躬出入耕穫閒則讀書至於黃帝

老莊之書養生爲壽者之說及西方别傳皆得其大指平居視之猶木鷄也及其論議古今道理窮覈至到確然莫能移常以雅道自娱一篇出人爭傳誦王安石以謂精詣警絶元白皮陸有不到處以韋布之士閉關陋巷而孝友清介之風隱然稱東南有司舉貢籍以年格應補軍州助教者就賜勑牒袍笏於其家得興化軍助教拜受唯謹初年四十無子其弟有子以謂吾先人有後足矣即屏居

於外預知死期期至不亂喪葬皆有治命云
楊懿孺字彝甫其先自浦城徙長洲以行義隱
處與方子通同時號吳中二老事具程俱所
撰墓銘略云吳郡有二老焉或仕或不仕皆
隱者也居城之東北曰方公居城之東南曰
楊公即懿孺也懿孺少孤力學言行相顧朝
無夕儲讀書哦詩泊如也神夷氣昌未嘗有
飢寒憂雖閭里不盡知其貧崇寧二年特奏
名後調南昌主簿居一年忽棄妻子歸吳下

且告老以承奉郎致仕平居直心自信不知
世間有傾巧事自未仕及老于家不入州縣
不事鄉里請謁間一過所親厚歲不過數四
雖嘗出而仕人猶謂隱者

吴郡志卷第二十五

吳郡志卷第二十六

吳郡范成大撰

人物

范仲淹字希文事具歐陽文忠公所撰神道碑及國史傳其略云皇祐四年五月甲子資政殿學士尚書户部侍郎汝南文正公薨於徐州五代之際世家蘇州生二歲而孤母再適長山朱氏仍其姓始名説既長知其世家感泣去之南都入學五年大通六經爲文章論

說必本仁義舉進士禮部選第一中乙科始歸迎其母以養少有大節其於富貴貧賤毁譽懽戚不一動其心而慨然有志於天下常自誦曰士當先天下之憂而憂後天下之樂而樂也其事上遇人一以自信不擇利害爲趨捨天聖中爲秘閣校理以言事忤章獻太后旨通判河中府召拜右司諫上疏請還政天子及郭皇后廢率諫官御史伏閤諫又揖宰相亡百官廷爭不能得貶知睦州從蘇州

州地瀕雷澤田多水募游手疏五河導積水
入海興作未就徙明州轉運使言仲淹治水
有緒願留以畢其役詔復知蘇州召還拜天
章閣待制薦論時政闕失知開封府治有聲
取古今治亂安危爲上開說又爲百官圖以
獻宰相呂夷簡怒交論上前落職知饒州徙
潤越州趙元昊反河西爲陝西經略安撫副
使又爲環慶路經略安撫招討使兵馬都部
署爲將務持重不急近功小利待將吏必使

畏法而愛已所得賜賚皆以上意分賜諸將
諸蕃質子縱其出入無一人逃者蕃酋來見
召之卧内屏人徹衞與語不疑居二歲士勇
邊實恩信大洽乃決策謀取橫山復靈武而
元昊數遣使稱臣請和上亦召之歸慶曆三
年爲樞密副使數月爲參知政事每進見必
以太平責之再賜手詔趣使條天下事又開
天章閣召見賜坐授以紙筆使疏于前退而
條列時所宜先者十數事上之儌倖之人皆

不便因相與騰口而嫉之者亦幸外有言喜爲之佐佑會邊奏有警即請行乃以爲河東陝西宣撫使即拜資政殿學士知邠州兼陝西四路安撫使其知政事纔一歲而罷有司悉奏罷前所施行而復其故言者遂以危事中之賴上察其忠不聽是時夏人已稱臣因以疾請鄧州守鄧三歲求知杭州又徙青州公益病又求知潁州肩舁至徐遂不起年六十有四贈兵部尚書謚文正　御篆其碑曰

褒賢之碑爲人外和内剛樂善汎愛喪其母時尚貧終身非賓客食不重肉臨財好施意豁如也及退而視其私妻子僅給衣食其爲政所至民多立祠畫像其行己臨事自山林處士里閭田里之人外至夷狄莫不知其名字而樂道其事焉長子純佑少有大志蚤卒純仁純禮純粹皆名世閻灝撰文王公直贊云英英如神屹屹如山仁義道德溢於顏間大忠皋夔元功方召以贊中樞以尊清廟佑我仁祖格于皇天是肅是虔不傾不騫維慶有祠邪民瞻思慶山奇英兹堂巋巍

范純仁字堯夫仲淹子第皇祐元年進士及第始出仕治平中爲侍御史議濮王典禮不當命出房闔通判安州由是名震天下後知諫院言王安石變更法度恐失人心作尚書解以進前後上言以休兵省事節用富民進君子退小人愛人材伸公論爲急崇聚歛事苛刻親讒佞任偏聽爲戒大則廷論小則疏述反復激切無所諱避復出補外元豐八年召爲給事中明年同知樞密院事陳禦備西戎

之筴事俱施行元祐三年拜尚書右僕射自爲執政務以博大開上意忠篤革士風救蘇軾韓維王覿等極言前世朋黨之禍吳處厚箋蔡確詩以聞朝廷欲貶之死地純仁獨曰此路自丁晉公後荆棘已七八十年不可自吾輩開之奏乞薄確罪亦出知潁昌府踰年復相於事無所回隱同列病之　哲宗於太[illegible]中獨注意純仁問人材法度悉實以對章[illegible]惇用事復出知潁昌累貶永州　徽宗即

政即日走中貴人湖南致上及皇太后命勞賜甚寵所啓皆國家大體蓋將屬以重任以中太一宫使召以目疾辭上每對輔臣以不見純仁爲恨年七十五薨賜世濟忠直四字爲墓隧碑首謚曰忠宣純仁性夷易寬簡嘗曰吾平生所學得之忠恕二字歷事四世無間言自爲布衣至宰相廉儉如一

范純禮字彝叟仲淹子元祐中爲給事中凡所封駁正名分立紀綱皆國體之大者論張耒

不當不俟叅吿令供職一時聳動知開封府一切以寬革前政刻深之弊中丞蘇轍攻右丞王存去將用轍代存純禮曰蘇章不避嫌此必不放過數日徙純禮刑部侍郎轍方拜元符三年拜右丞以年老力辭上謂安燾曰范純禮作執政不應引年況精力康強卿等以國家圖任老成之意勉之救陳次升以言得罪乞以嘉言用江公望留王覿解上官均鄒浩之言爲理當從之乞罷京城猪羊圈減

山陵鹵簿器之類費曾布攘前云人皆言財用不足天下何憂無錢純禮進曰天下吿罄若戶部無料錢支藏庫空竭無如今日布誑　陛下建中靖國元年知潁昌府尋除端明殿學士崇寧初累責單州守七十六純禮居二府布衾紬袍不爲表襮沽名譽食飲不擇其鮮不役婢妾中年即淸居端坐全眞容物不爭而立朝端方乃不可犯人以劉寬卓茂方之范純粹字德孺文正公第五子元豐中歷鄜延

陜西轉運判官鄜延都總管環慶經略安撫使改鄜延又改熙河蘭岷路元符中改河東復移鄜延兼知慶州延安太原府户部侍郎知河南府　神宗謂純粹遇事不苟存心公家旁無顧慮任陜西轉運時當五路大舉財用匱乏吴居厚為京都轉運使上羨餘三百萬緡上遂以賜純粹純粹愀然曰吾部雖窘豈忍取此膏血力辭弗納紹聖元年言者論弃四寨之地實啓戎心司馬光文彦博等主之

於內純粹等行之於外後遂入黨籍最後貶郡州久之叙官復徽猷閣待制政和七年卒年七十二

范正平字子夷忠宣公次子紹聖初為開封尉戶部尚書蔡京結后戚向氏欲展向氏墳正平爭以為民田不可奪京坐贖銅由此恨之忠宣薨小人附會言正平兄弟撰造永州傳宣聖語及行狀非忠宣意行狀實李之儀受忠宣之意次第之正平遂與之儀俱下御史

獄事解偕詣龔州既終以不仕初忠宣薨特
添恩澤分官中外諸孫久之追奪例外官已
平遽納其子亡全其姪與甥焉方遺表獄作
弟正思曰兄是時方當竄逐其實預議正平
獨身當之其後徐亦相處仁問正平之爲人
於王寔仲弓仲弓作卓行對一篇大略謂正
平力學爲文通古今論議出人意表爲安詞
子有聲譽不朋比爲進取資亦不可以勢屈亦
可以利回質之神明而不疑行之屋漏而無

愧云

范琪字希世文正公之從兄天聖五年進士歷
開封府法曹知鄞縣墾壞埭百餘決導瀦積
從常熟濬金涇鶴瀆二浦溉田千頃爲公家
利其在天府議法必精援節不撓府尹霍安
道給事中孫夢得交薦之子師道有賢名薦
堂叙范氏上世謂琪之高祖隋自唐末作麗
水丞屬亂離遂家於蘇曾祖鈞祖從諠並在
錢忠懿王幙下父昌言歸本朝爲國子博士

皆葬吳縣三讓鄉之天平山云

范師道字貫之天聖九年進士累知廣德縣縣淫祀歲殺牛以祀神一切禁絶之擢侍御史數以論事忤宰相劉沆出知常州復召爲起居舍人同知諫院會百官上尊號乃言災異數出而崇尚虛文非所以荅天戒又言宮人多遷除恐女寵因緣以害政事上皆嘉納之又言陳升之不當進用出知福州復入爲三司鹽鐵副使終直龍圖閣知明州有奏議二

十卷文集五十卷子世京世亮皆登科

范世京字延祖皇祐五年進士歷和州歷陽令

適師道守明州世京棄官侍養曰人子事親

之日少事君之日多寧可曠時失定省父喪

扶護歸鄉䢖而跣足晝夜哀號行路爲隕涕

服除熙寧初官湖北廣南名至京師與時論

不合辭歸終祕書丞

范爊唐末吳處士有子七歲能吟詩贈隱者云

掃葉隨風便澆花趁日陰處士方干聞之曰

此見他日必垂名又吟夏日詩云閑雲生不雨病葉落非秋干曰惜哉必不享壽果十歲而卒延賓佳話唐祭遺史

范周字無外文正公姪孫贊善純古之子負才不羈工詩詞無意榮達安貧自樂未嘗屈折於人所居號[illegible]園所賦詩甚多時出傑句如詠懷云一瓢有酒春山重五鼎不義鴻毛輕其氣槩肆兀類如此

林虙字德祖旦之子好古嗜學登第累遷朝奉

郎太學録開封府司録以府尹不之禮移疾
告歸不復出仕所居在大雲坊因自號大雲
翁屏置朝章不入州縣先達稱其高有大雲
集百卷　神宗聖訓十卷
朱長文字伯原光禄卿公綽之子公綽居鳳凰
鄉集祥里園亭甚古長文擢第號其居曰樂
圃時俊咸師仰之號樂圃先生米芾撰墓表
略云十九歲登乙科病足不肯從吏築室樂
圃有山林趣著書閲古樂堯舜道郡守監司

莫不造請謀政所急士大夫過者必奔走樂
園以不見爲耻公卿薦以自代者甚衆天子
賢之起爲本郡教授又召爲大學博士祕書
省正字元符元年卒鄉人立祠於郡庠家徒
藏書萬卷天子知其清苦賜其家絹百疋
崇大年字静之慶曆中擢進士第歷知青田縣
民貧無以納和買大年悉令候冬熟州符督
責追杖縣吏大年曰年凶民飢若催督必破
産雖杖胥吏三五輩尚可寬一邑之民至冬

民無不納足者徙知浦城縣舊設兩棧民以豈送去無輕重悉置棧中大年曰此以牛馬吾民悉命撤去有疾丐分司歸吳與程光禄諸公觴詠燕游號吳門十老大年德守淳固志尚夷曠恬於勢利不求聞達辭郤薦辟浩然易退吳士自陳君子之奇之後大年繼有賢稱分司後十三年致仕又十四年卒年八十二樂圃先生朱長文與鄉人議謚謂黔婁辭國有餘貴辭爵有餘富其謚曰康陶淵

明隱約就閑其謚曰靖節大年當有道之世秉難進之節韜章藴能不自表襮仕而知止貧而亡憂凜然有古高士之風乃共謚曰康靖先生林希逸史朱長文行狀

富嚴大中祥符四年進士以刑部郎中守鄉郡嘉祐中守祕書監致仕未嘗一造官府以耆德稱所居坊人以德壽目之富氏本出處之青田文忠公弼於嚴爲叔父嚴之祖始居吳葬焉遂爲吳人子臨亦有文名曾孫鈞洵元

衡皆登科
郭附字明仲嘉祐八年進士知洪州新建縣俗健訟好持吏短長附至問民疾苦皆以鷙獸暴横爲言乃檄旁縣尉併力仍以厚賞啖壯士不閲月得鷙獸數十尸諸庭乃號於衆曰有悍不率教如此獸者皆殺之無一人敢犯令以朝奉大夫致仕幅巾策杖窮山林詩酒之適十八年東南高士皆願從遊卒年八十四

胡稷言字正思則之姪學古文於景文公以特奏補官爲山陰丞致仕築圃鑿池追陶靖節之風種五柳以名堂清修寡欲延納後進日晡後不飲食客坐蕭然具湯一杯而已年八十餘子嶧

胡嶧字仲連居五柳松逸逢人以爲隱君子涉獵言動皆有尺度嘗嘉萇祭率遵古法用杜甫詩名所居曰如村自號如村老人累舉命官終不仕卒年七十九詩文簡古如其爲

人子百能

胡百能字少明紹興十八年進士知江山縣有惠愛乾道初選教諸王宮嘗進用矣以年至力請老朝廷嘉之乃以左奉議郎賜緋衣銀魚致其事歸築堂曰宜休相羊里巷錙銖軒冕殆其天性久之乃卒年七十四子耕

鄒元邁字英遠附之孫博通經史入太學魁上舍靖康之難募使北虜通問徽欽二聖元邁上表請行詔以爲副使行次河朔以尺紙付

家云出彊當艱棘時雖保全生此身已許國
矣至虜廷上書虜帥粘罕乞歸二聖爲虜所
留尚書洪皓自虜北歸首言王倫及元邁以
身徇國弃之不取緩急何以使人
章甫字端叔自建徙居於吳其八世祖本浦城
人徙西村珠林二族西村之裔多顯仕珠林
至甫曾祖可法始登科甫熙寧三年進士知
壽春縣大臣以孟子解義進詔付祕書省除
大府寺丞召對稱　旨除府界提舉常平事

崇寧初除都官郎中陛對抗言元祐臣僚削
秩投荒皆緣國事非爲身謀稍稍内徙道路
交慶今復刻名黨籍禁錮子孫恐非陛下本
意上優容之尋掛冠歸只藏書萬卷讎校精
密卒年六十二八子憲其一也
章憲字叔度居黄村樂道好德操履高潔行有
餘力而以學文鄉里謂之隱君子其學師事
王信伯而與朱子發呂居仁等游尤邃於春
秋有復軒集十卷曾文清公幾爲之序

郟亶字正夫崑山太倉農家子自幼知讀書識度不碌碌嘉祐二年進士崑山自國朝來登科者自亶始嘗條具山水利爲書上之熙寧間以亶爲司農寺丞奉使浙西措置水利民不以爲便遂罷詩見水利門終比部郎中子僑子高亦有才鄉里推重謂之郟長官有幼成警悟集行于世

李璋居盤門有不羈之才王荆公甚愛之嘗有詩送璋應舉云湖海青衣二十年尚一鄉賦已

華顛又送其下第云學如吾子何憂失命屬天公不可猜璋後改名玖以累舉補官孫益亦登科紹興間任監察御史

馬友直字伯忠其先本姓司馬氏有名球者仕吴越以御史中丞爲崑山鎮遏使因家焉子孫樂道不仕隨乎流俗故止稱馬氏聚族居于邑之全吴鄉六直里以孝義著兄弟六人皆力穡獨友直以儒業自奮入京師太學元符二年薦春官與李蕃方叔游知友直賢以

其兄之子妻之追宣和水畓全眞之田悉與江通兄弟皆狼狽營妻子友直獨迎其親從于邑之進賢里僦屋以居躬養蔵水母子晏如也建炎二年以累舉得官初主湖之武康簿次監潭州南嶽廟尚強健即掛冠以宣教郎卒年七十六侍郎唐公煇御史王公襟及我先君少師皆敬愛之孫先覺登紹興庚辰進士科

閭丘孝終字公顯郡人嘗守黄州蘇文忠公在

東坡時與交從甚密公後經從必訪孝終賦
詩爲樂孝終既掛冠與諸名人耆艾爲九老
會

王蘋字信伯事伊川先生視河南高第楊時猶
爲後進時亦以爲後來師門成就者惟蘋
高宗駐蹕平江郡守孫佑薦其學行召見上
以爲通儒賜進士出身除祕書省正字受詔
條具賊退利害蘋奏治本三說一曰正心誠
意二曰辨君子小人三曰消朋黨遷者作佐

郎通判常州蘋識慮精微議論平易頹然若
與世忘不著書既老乃集古今語說爲一書
未成而卒

黃策字子虛彥之子登科爲雍丘主簿元符末
詔許中外言事時　昭慈聖獻皇后既復位
號典冊有未盡正者策引古義上書言甚切
後以此入黨籍羈管登州會赦還鄉後除直
祕閣自號隨緣居士

吳郡志卷第二十六

吳郡志卷第二十七

吳郡范成大撰

人物

顏孚字端中長民幼子崇寧間有聲太學士行甚美每試必居前列時人目爲顏夫子爭願識其面與兄采相繼高科孚擢第未幾蚤卒

鄭景平字希尹居帶城橋剛正不撓所涖官有廉介稱嘗爲大理官每有疑獄中夜拜禱蘄得其情請老家居朝廷以其能詔復起知饒

州數月復拂衣歸或問故荅曰入子命景平
爲郡守當以撫字爲職乃不得行志今日須
金若干明日須粟若干民已枯骨矣捶考不
出吾安得不歸時朱勔用事撓權從之者甚
衆獨景平終始不見子絪字天和亦能文屢
爲郡

徐奭字武卿建州建安人大中祥符五年進士
第一釋褐爲將作監丞通判蘇州又爲兩浙
轉運副使其在蘇水潦爲沴具區東南毀隄

防溺廬舍漂田疇不可勝計顔爲周視盡得
舊迹請于朝市涇以北赤門之南築二石隄
九十里起橋梁十有八計　七十萬舟從無
墊溺之憂隄上下復良田數千頃蘇人德之
入爲翰林學士權知開封府卒故其家後居
于蘇子師閔年六十餘以左中散大夫普寧
郡侯致仕居蘇爲蔣堂蔡襄所知在官自輔
臣以下薦之者幾百人及退歸與元絳程師
孟諸人以詩酒相過號十老鄉人榮之年八

十乃卒葬薦山

徐師回字望聖師回嘗守南康蘇文定公轍爲作直節堂記黄庭堅明月泉銘誰賞音徐望聖一時名重如此子閎中爲吏有能名爲吏部郎子林競

徐林字稚山宣和三年進士少有特操從母之夫王黼柄國用事獨不肯附麗寧坎壈卑官紹興初上書言事召對改官累遷太府少卿出爲江西轉運副使劾秦丞相檜親黨坐是

以沮經界法貶興化軍十三年更化復入爲
刑部户部侍郎論國用大廣宜撙節之隆興
初爲吏部侍郎復論符離之役爲非計遂以
敷文閣直學士奉祠知平江府力辭旋乞致
仕再以給事中召再召不起遷龍圖閣學士
卒年八十餘葬靈巖山之西世稱賢侍從以
林爲首少居吳縣硯石山下自號硯山居士
弟兢字明叔官刑部郎中善篆書次弟德止
遜官於從子而學佛　徽宗賜號圓通禪師

子藏亦登科有學行嘗爲浙東提舉常平
魏憲字令則紹聖四年進士累遷國子司業親
喪三年弗嗜酒肉廬於冢次塋域有芝草甘
露之祥再爲司業以學行見推徧歷中外師
儒之選兼太子舍人遷中書舍人給事中吏
部侍郎歸鄉名所居曰止庵優游求志十餘
年終時無疾危坐禪榻取水盥手泊然而逝
年七十三
潘兊字說之吳人崇寧三年進士累官至中書

舍人左諫議大夫刑禮吏部侍郎終[illegible]

待制路允迪爲之銘略曰言語文章一本六

經之醇修修身則毅然有守終無玷缺云

凌哲字明甫吳人宣和六年進士自明州通判

召對　高宗擢爲御史數日遷右正言又遷

左司諫吏部侍郎兼侍講以敷文閣待制知

台州遂退歸里居澹約自守鄉里稱其德量

掛冠十餘年卒年八十六

王葆字彥光崑山人逸野堂傳之姪宣和八年

進士崑山自鄭亶登科有孫載載後六十年
蘋始繼之邑人以爲奇事蘋學行俱高潛心
古道著春秋集傳十五卷春秋備論二卷誘
掖後進推誠樂育如親子弟門下士多成立
者號稱鄉先生初主麗水簿上疏陳十弊事
皆人所難言紹興間歷司封郎官監察御史
崇政殿說書終浙東提刑王公於人物鑒裁
尤精樂巷李侍御史衡布衣流落一見以女
弟妻之左丞相周益公必大初第以女妻之

知其爲國器也成大以蚤孤廢業一日呼前
喻勉切至加以詰責留之席下程課甚嚴未
幾亦忝科第
邊知白字公玄曾祖珣自陳留官姑蘇樂其風
土遂世爲吴人知白宣和六年進士孝友醇
誠蹈繩墨規矩清虚寡欲號爲吉人而學佛
尤盡誠紹興中歷户部郎官將作監户部吏
部侍郎直學士院歸鄉築室郡南金獅巷爲
終焉計卒年六十五贈徽猷閣待制少遊廬

山夢人告曰君本江南僧終當尋盟去
龔明之字希仲宗元之曾孫祖母李及笄時得
寒疾夢神告曰與汝七十七大觀中行年適
滿夢數病革自意必死明之夜禱于天願減
已筭五年以益祖母壽炷香於頂上須臾腦
中爆裂有聲不爲動控懇益切翌日李病已
至八十三乃終明之蹭蹬舉場以特恩廷試
年已八十二法不應出官吳士在朝者列其
行義薦之得監南嶽廟淳熙五年乞致仕御

人又請之朝遷宣教郎致仕賜五品服居崑山黄姑别墅作期頤堂日飲其間一日感微疾精神蕭爽親友問疾者歌以答之遺令毋設仙釋像於柩前供一水一花誦論語孝經足矣年九十二

朱良字良伯吳郡人其先累以進士登第祖公綽光禄卿父季端爲郎屢典名郡建炎中良仕秀州海鹽縣尉金人犯順　車駕南幸游騎及縣境良謂僚友曰今日乃忠臣義士死

國難之時世乃被甲執戈集所部百餘輩奮
厲而前遇金人於境身先赴敵出入行陣斃
數虜酋賊衆爲之披靡衆寡莫當竟以死敵
其子思蒙恩録用今以朝議大夫守漢陽軍
胡元質字長文長洲人父珣治生大穰所親爲
之宰貸金萬數珣焚其書待之如常元質少
穎悟年未冠游太學紹興十八年進士高第
亦有隱行初旅泊行都聞隣有貧士夜哭問
之乃爲人責償鬻其女相與別元質憮然垂

褒予之　壽皇即政以薦者入爲太學正歷
祕書省正字校書郎禮部兼兵部遷右司侍
經帷直史筆參掌內外制給事黄門知貢舉
帝眷特厚爲書聖主得賢臣頌及親製
論以賜曰得天下之常才易得天下之大才
難蓋常才智力之有限而大才謀慮之無窮
此大才所以爲難得也今之朝士大夫當居
臺諫給舍侍從之時評議朝政十中八九謀
王體斷國論有優爲之者及一旦遷入政府

往往識慮詳明頓減於前使人得以反議其
後諺有旁觀者審當局者迷此不特爲奕者
之論以今日之秉政何翅於當局以昔日之
言事何翅於旁觀倘能易當局之迷而爲旁
觀之審天下之事有不足辦者雖然是豈可
與牽文泥古沽名釣利號爲俗儒者言之必
得器識宏博奇謀遠略卓然爲天下之大才
者然後可與共非常之功歟出守當塗建業
成都皆有政績舊得程公闢光禄南園故居

之地既歸杜門郤掃園林池館日以成趣謫表其堂曰招隱優游自遂奉祠逾六七年以正奉大夫敷文閣學士吳郡侯致其事而卒年六十三贈金紫光禄大夫葬横山平居未嘗疾言厲色加人或評人短長及告以人之傾己輙俛首欲寐每自謂於人無怨惡其心休休然好善樂施家貲多推予諸弟未始較人皆義之

烈女

吴孫奇妻范姬年十八配奇一年而奇亡父母以姬少寡無子迎還其家姬不肯歸迎者迫之姬操刀割耳及鼻曰父母迎我者不過以我年少色美今已殘矣行將焉如於是迎者空反烈女傳

張氏三女吴人皆有節行兄温爲孫權所囚姊妹已嫁者皆見録奪其中妹先適同郡顧承官以攺嫁丁氏成婚有日飲藥而死吴朝嘉歎鄉異圖畫爲之賛頌吴文安傳

陸鬱生績之女績守鬱林所生故以名適同郡張温弟白有志節姚信嘗表稱之曰竊見故鬱林太守陸績女子鬱生少履貞特之行幼立匪石之節年始十三適同郡張白侍廟三月婦禮未卒白遭罹家禍遷死異郡鬱生抗聲昭節義形於色冠蓋交横誓而不許奉白姊妹嶮巇之中蹈履水火志懷霜雪義心固於金石體信貫於神明送終以禮邦士慕則臣聞昭德以行顯行以爵苛非名爵勸善不

嚴乞聖朝斟酌前訓褒彰生以義姑之號以厲兩髦之節

吕榮許升妻也升游誕博戲不治操行榮躬勤家業以養其姑勸升學問常垂涕言之榮父惡升欲改嫁之榮曰命之所遭義無離異不肯歸升後感悔尋師遠學四年乃歸遂致名譽爲州所辟遇盜刼被害榮手刃殺升者以首祭升列女傳 一說吳郡列女吕榮許升妻也昇爲賊所殺遂欲干穢榮榮秉節不聽遂遇害是

日雷雨晦冥箴懼叩頭謝屍葬之後刺史嘗
其里曰義婦坂文樞鏡要
晉張林妻徐氏者案張林碑曰夫人姓徐吳郡
人柔惠清順中和聖善婦德既備母道亦踐
志厲冰玉厥德丕顯靡靡其操翼翼其仁明
景内映從良從刀節卩夕新共孅風邁遒淑謹其身
張茂妻陸氏郡人茂爲吳郡太守爲沈充所害
陸傾家産率義部曲討充充敗詣闕上書爲
茂謝不尅之責詔曰茂夫妻忠誠舉門義烈

宜追贈茂太僕

宋顧琛吳人母孔氏孫恩亂後東土飢荒孔氏發家粮以賑邑里得活者甚衆生子皆以孔爲名

張沖張敖毋戴顒女也有儀範張氏內取則焉沖敖皆爲名士

宮人韓蘭英郡人有文辭孝武時獻中興賦被賞入宮明帝用爲宮中職僚齊武帝以爲博士教六宮書學以其年老多識呼爲韓公

武帝或云前廢帝
范法恂郡人妻褚氏勤苦執婦業昇明中孫曇瓘謀反褚謂子僧簡云孫越州先姑之姊子汝宜收之曇瓘既伏法褚令僧簡往歛葬永明中年七十餘卒僧簡在郡未至褚將殯舉尸不起尋而僧簡至焉
梁青冀二州刺史郡人張稷女楚媛適會稽孔氏無子歸宗州人徐道角作亂害稷楚媛以身蔽刃同遇禍

後周宣帝四后朱氏小女滿月吳人生靜帝後立爲皇后班亞楊后靜帝立尊爲帝太后隋初爲尼改名法靜古今小名録

長安縣君丁氏晉公之妹陳君子之奇之母也晉公欲官二甥縣君固辭俾自以學術進晉公竦然稱歎之奇兄弟繼登科鄉里傳縣君之賢安定胡先生著丁氏賢惠録蘇子美書之

吳郡志卷第二十七

吳郡志卷第二十八

吳郡范成大撰

進士題名

端拱元年程宿牓

龔識

淳化三年孫何牓

丁謂 宰相　錢昆 諫議大夫　謝濤 太子賓客

凌咸　陸元圭　龔緯 識弟

咸平二年孫暨牓

孛堪

咸平三年陳堯咨牓

鄭載　譚應　許式

龔紀緯兄　胡堯佐　許洞

鄭爲　龔會元識姪

大中祥符元年姚曄牓

唐儼

大中祥符四年張師德牓

富嚴

中祥符五年徐奭榜

林咸德

大中祥符八年蔡齊榜

謝絳濤子知制誥　胡獻卿　范仲淹參知政事

天禧三年王整榜

鄭脩爲子　錢象先吏部侍郎

天聖二年宋郊榜

葉清臣翰林學士　鄭戩載弟樞密副使

天聖五年王堯臣榜

李瑀直講湛子　龔宗元識子

天聖八年王拱辰牓

范師道仲淹從子　元絳參知政事　鄭條爲子

林襲明　朱公綽　林茂先襲明兄

陳之武

景祐元年張唐卿牓

程師孟　鄭戩戩弟刑部侍郎　陸景

祝熙載

寶元元年呂溱牓

陳之奇 之武兄　鄭君平 脩子　陸繹
鄭戩 戩弟　張詵 天章閣待制
慶曆二年楊寘牓
李瑜 瑀弟　孫規　黄頌
許奇
慶曆六年賈黯牓
棠大年　鄭方平 脩子
皇祐元年馮京牓
范純仁 仲淹子宰相　張僑 士廉姪　李川

郎淑

皇祐五年鄭獬牓

滕甫龍圖閣學士　錢深　鄭汝平脩子

支詠　郭鼎臣　范世京師道子

嘉祐二年章衡牓

陸元規　鄭亶

嘉祐四年劉煇牓

朱長文公綽子　王純臣　丁偃

李逢原　張詢　陳之方

嘉祐六年王俊民牓

林高咸德姪　程寬師孟子　陸元長元翊兄

嘉祐八年許將牓

沈括翰林學士　凌民瞻　郭附

黄頎

治平二年彭汝礪牓

孫載

治平四年許安世牓

張從享從文　吳純臣　張僅

李博聞

熙寧三年葉祖洽牓

郁澄　徐彦孚　鄭安平改名景平伸子

鄭伸　淩民師民瞻兄　范世亮師道子

熙寧六年余中牓

黄汝平　梅灝　林程茂先子

張頫僑子　龔程宗元子　孫冲

黄頊頫弟　黄彦頊兄

熙寧九年徐鐸牓

張元素 張元弼 林稙茂先子

郟亶 顧襄上舍

元豐二年時彥牓

綦希甫 張諤 林种茂先子

顔長民

元豐五年黄裳牓

嚴君鄰 林師醇 孟醇

黄懿彥

元豐八年焦蹈牓

沈彦升　黄從周　周何

章衍之　謝翊　錢兟

元祐三年李常寧榜

范躬樂　周沔　丁覯

李博喻　陳傑　孫賁

陳序

元祐六年馬涓榜

林虞　聶適　程騫師孟姪

魏志　陳噩　施逵

鄭倞 戩孫　黃策 晉子

紹聖元年畢漸牓

胡淶　程亢　林穥 茂先子

富鈞 嚴孫　胡安平　陳彥和

紹聖四年何昌言牓

郁師醇　魏憲 志弟吏部侍郎　林處 虞兄

富洵 嚴孫

元符三年李釜牓

顧植　張公厚　張漸

劉彥新　方振　陶從子從廣

徐端行上舍

崇寧二年霍端友榜

崔伯乘　潘兊禮部侍郎　黃正彥

孫陶　黃昌衡　崔百勝

黃昌朝昌衡弟　褚覃

崇寧五年蔡薿榜

程元允師孟姪孫　李彌大尚書　邊知章

龔況程子　陶振從子從廣弟　范開

大觀三年賈安宅牓

王崇　朱發長文子　鄭聖任

胡思淡子　胡寬　李彌遠彌大弟侍郎

單師淵　李毗

政和二年莫儔牓

陳述　林閎　顏孚

林聳　顏爲孚兄　方絶彥

王闓　麋鏳

政和五年何㮚牓

陳起宗　錢觀復　張楙

黃偉　王裳崇弟　葉高節

張敏功顔子　沈季孫　顔采長民子

唐煇儼孫禮部侍郎　錢當時　葉薿

政和八年嘉王榜

顔天選　魏賁憲弟　徐鷹

錢仲恩　顔安時天選叔　張德本

李益瑀孫　鄭護　林璵茂先孫

宣和三年何渙榜

程元弼元允弟 范尚 鄭作肅
錢豫 林友
宣和六年沈晦牓
范雩 余仔達先伯 李大鼎
林儼尚姪 王蒢 凌哲吏部侍郎民師姪
何建中 鄭時戩孫 居世英
富元衡嚴孫 邊知白吏部侍郎 凌遘哲兄改名遠
建炎二年李易牓
倪成脩 唐煇煇弟 楊景

凌揆哲弟　鄭揚　章籍

芋錫　胡利賓　孫觀

魏志上舍附　鄭大讌戩孫

紹興二年張九成牓

孫雄飛　錢南　周播

尤著

紹興五年汪應辰牓

孫起卿覿子　范成象雩姪　鄭升卿曾孫

馬迥

紹興八年黄公度牓

王復　黄萬頃　陳長方

顔唐天選姪　王嘉彦藻姪　沈詢

紹興十二年陳誠之牓

何俌工部侍郎　王伯廣　許光國

袁鼇　嚴煥君鄰姪

紹興十五年劉章牓

詹左　翁翊臣　李澄

錢佃子觀復　吴畋　祝端表

張世衡　李衡

紹興十八年王佐牓

胡元質給事中　冷世光　胡百能

廩師旦諧子　冷世脩世光弟　林光祖虞姪

紹興二十一年趙逵牓

余松　錢俣佃兄　成端亮

林育　顔發唐弟　張允恭

紹興二十四年張孝祥牓

陳九思　衛稷　樂備

陳晉卿　楊思濟　范成大雩子

趙思　陳崧卿晉卿兄　鄒嶰

紹興二十七年王十朋榜

鄭庶作肅姪　陳端友　顏度發弟叔平父

王萬蒜弟　姚愈　[illegible]

紹興三十年梁克家榜　[illegible]

馬先覺　呂篆[illegible]　方思純彥姪

隆興元年木待問榜　[illegible]

章澥　胡元功元質弟　唐子壽燁子

王蓺　成欽亮端亮弟　鄭金宗衡弟

郁昇　袁宗仁鼇子　[illegible]中之

李延直　賀三聘　羊元宋

乾道二年蕭國梁榜

薛甫　孫紹先雄飛子　胡長卿

周建　俞允成

乾道五年鄭僑榜

何淇俌姪　李卞姪起　林璞與孫

辛機　林琰璞弟　林廷瑞

陳尢德 九思弟

乾道八年黄定牓

范之柔 仲淹孫　鄭汝止　王有大 宗孫

吳兢　范藻 成象子　宋光遠

曹緯

淳熙二年詹騤牓

姚濟　錢萬頃 兄萬選　王鯱

錢萬選　張舜卿

淳熙五年姚穎牓

胡坦　周日巖　吳仁傑

淳熙八年黄由牓

黄由狀元　王保大有大弟　蔣南金
裳孫

淳熙十一年衛涇牓

衛涇狀元　呂伯奮　陳熠

張攀敏功孫　黄演策曾孫　顧叔康

呂申　夏允中　翁謙

淳熙十四年王容牓

胡林卿　顧叔淵度姪　趙與祖

顧端臣　盛章　謝伯常

李應祥衡子　余達先仔姪

陳甫　劉大忠　林伯誠

紹熙元年余復牓　■

周南上舍　蔡以中　朱晞顏

周褒然　李南姪公縉　李起宗應祥兄

顏叔玠叔淵兄　丁愻　任相

陳振　顏叔平叔玠弟　葛璪

紹熙四年陳亮牓

黄湮 演弟　高之間

慶元二年鄒應龍榜

鄭準　葉蒙之　潘夢旂

胡允恭　蔣志行　趙汝管

孔元忠　石宗王

慶元五年曾從龍榜

姚宜中 愈子　陳貴誼　汪棐

汪令圖 棐叔　糜溧 師旦子　顔叔瑶 叔平弟

潘興嗣　衛沂 湮兄

嘉泰二年傅行簡牓

曹函漕試　趙黔夫　胡榮卿

趙綝　沈誠詢孫　姜京

趙汝璪　趙汝礿　高不倚

宋文英　曹大昌　吳垺

方賜復弟里　萬楊昕

開禧元年毛自知牓

趙汝淳　鄭啓　陶永叔振

周深源南子

嘉定元年鄭自誠牓

衛洽 姪弟 衛价 孟繼顯

徐鼎 唐伯粲 趙濬夫

辛忠訓

博學宏辭一人

陳貴誼 慶元五年進士

嘉定四年趙建大牓

埶源 上舍 陳德林 上舍 施振

方萬里 趙時譜

嘉定七年袁甫牓

衛洙　王尚輔保大叔棠姪　張震發

顏儼長民曾孫爲孫　黃必大　趙豐亨

嘉定十年吳潛牓

趙汝禚汝礿兄　趙希曾　麋槽溧兄

趙潘夫　沈有開　王圭父邁乾道己丑鄭牓

蔡廉

嘉定十三年劉渭牓

黃保大必大弟　王斗文毓姪孫　趙滬夫

李公縉叔南　施秉貫溫州寓居吳江　趙體國

謝鄆上舍　王埜從事郎　張新震發從弟

陶瑜叔祖永　周夢發

嘉定十五年上舍釋褐

李起伯卞　王熙載

嘉定十六年蔣重珍牓

鄭起潛上舍甲科　趙崇驥汝積子　朱檜

周申內舍婣姪深源兄　蔡珏內舍　李任通直

郁雲內舍昇姪　褚南右科孜姪孫　沈應昌

凌雲 揆姪孫　王丙發

寶慶二年王會龍牓

盛文昭 章姪　莫子文 內舍　趙磻夫 黔夫兄

趙崇詩　趙時伸 潘夫子黔夫姪　葉酉發 蒙之姪

徐章 鼎弟　顏揆 叔瑤姪　蔣南金

陶虎 叔永姪瑜

紹定二年黄朴牓

盛文韶 章姪文昭兄　郁中 昇姪雲弟　趙佋祖 興祖弟

王寰歐

武舉進士題名 補注

建炎二年徐遂榜

褚孜第二人

乾道五年趙𤍭榜

朱子美第二人

乾道八年林宗臣榜

朱起宗推恩例第一人 李岳

淳熙二年詹騤榜

沈嗣宗 孟湜

淳熙十一年
林嶼 狀元
紹熙元年陳仲詳牓
蔡華　　李頤
慶元二年
周虎 狀元
嘉泰二年莘滁牓
商覺民　　時克復
開禧元年鄭公侃牓

呂𨍏

嘉定四年林汝淡牓

劉以中 絶倫

吳郡志卷第二十八

吴郡志卷第二十九

吴郡范成大撰

土物

干將莫耶二劒皆吴王闔廬所佩干將吴人與歐冶子同師莫耶干將之妻干將作劒采五山之鐵精六合之金英候天伺地陰陽同光百神臨觀天氣下降而金鐵之精不銷干將不知其由莫耶曰子以善爲劒聞於王王使作劒三月不成其有意乎干將曰吾不知其

理也莫耶曰夫神物之化須人而成今夫子作劒得無得其人而後成乎干將曰昔吾師作冶金鐵之類不銷夫妻俱入冶爐中然後成物後世即山作冶麻絰葌服然後敢鑄金於山今吾作劒不變化者其若斯耶莫耶曰師知爍身以成物吾何難哉於是干將妻乃斷髮剪爪投於爐中使童女童男三百人鼓槖裝炭金鐵乃濡遂以成劒陽曰干將陰曰莫耶陽作龜文陰作漫理干將匿其陽獻其

陰闔閭甚重之會魯使季孫來聘闔閭使掌劒大夫以莫耶獻之季孫拔劒之鍔中缺者大如黍米歎曰美哉劒也雖上國之師何能加之夫劒之成也吳霸有缺則亡矣我雖好之其可受乎不受而去干將墓在匠門外東數里秋平時人耕其旁忽有青蛇繞足其人驚遽以刀斷之其前半躍入草中不復見徐視其餘乃折劒一段至暮欲持歸亦忽失之方惟深有詩具載其事吳越春秋 中吳紀聞

屬鏤之劒吳王夫差所以賜伍子胥者吳越春秋

吳鴻扈稽二金鈎吳王闔閭所作闔廬旣得干將莫耶復命國中作金鈎令曰能爲善鈎者賞百金吳作鈎者甚衆有人貪王重賞殺其二子以血釁金遂成二鈎以獻詣宮門求賞王曰爲鈎者衆子獨求賞何以異於衆夫子之鈎乎作鈎者曰吾之作鈎也貪而殺二子釁成二鈎王舉衆鈎示之曰何者是也鈎甚多形相類不知其所在鈎師向鈎呼二子之

名曰吴鴻扈稽我在此王不知汝之神也兩鉤俱飛着父胷吴王大驚賞百金遂服鉤不離身吴越春秋

太湖石出洞庭西山以生水中者爲貴石在水中歲久爲波濤所衝撞皆成嵌空石面鱗鱗作靨名彈窩亦水痕也没人縋下鑿取極不易得石性温潤竒巧扣之鏗然如鍾磬自唐以來貴之其在山上者名旱石亦竒巧枯而不潤不甚貴重白居易品牛僧孺家諸石以

太湖石爲甲宣和五年郡人朱勔造巨艦載
太湖石一塊入京師以千人舁進是日役夫
各賜銀椀并官其四僕皆承節郎及金帶勔
遂爲威遠軍節度使而封石爲盤固侯勔誅
餘小石未獻者留郡西河兩傍悉歸張循王
家比年士大夫好石者多山中人始以旱石
加斧鑿作玲瓏意又剜石面贋作彈窩紋衒
不識者或得善價其非巧石但青白玉質可
作碑碣及甃砌堦阤者則出湖中之洞庭山

潔可鑑堅潤如金玉亦爲天下之冠程俱所賦者是也

陳洙太湖石賦并序

客有贈太湖石者圖其形示余命爲賦其辭曰

江之東直走數百里有太湖兮澄其清湖之浪相擊幾千年有頑石兮醜其形徒觀夫風撼根折波流勢横神助爾怖天分爾英駭立驚扉抵開畫屏素煙散而復聚蒼苔死兮又生譬夫枯槎浮夫黑龍飲水鬼蹲無狀雲飛乍起雅戲携手獸眼盤尾大若防風之骨竅如比干之心竅房萬穿秋山半尋子鄗之戟前其鍛韓稜之劍利於鑄若乃湖水無邊湖天一色露氣曉蒸蟾津夜滴伊爾堅姿峭兮寒碧千稚萬狀差難得而剖悉我將吊范蠡於澤畔問伍員於波際原君處初何縁而異公侯求之如張華之求珠衆人獻之如卞和之獻玉植于庭圍視之不足噫爾形擁腫兮難琢明堂之礎爾形中虚兮難刻鴻都之經

用汝作礪兮汝頑嵌姿攻汝為磬兮汝濁莫
聲土所用之而時人是寶余獨掩口盧胡而
笑子之醜

經俱太湖採石賦　建中靖國元年

以脩奉景靈西室下吴興吴郡採太湖石四
千六百枚而吴郡實採於包山某獲目此瑰
奇之產謹為賦云吴吏採石於包山也洞庭
鄉三老趨而進揖而言曰惟古渾淪物全其
天金藏於穴珠安于淵機械既發剖蚌摧礦
不翼而飛無脛而騁刳山探海階毋之競選
若窩媼贅瘤則為山嶽茇草木於毛膚包嶔
巖於骨骼與瓦甓其無間何於焉而是索今
使者窺覆穴蕩沉沙搜奇礓於洞腳劉巧勢
於丘阿呼靈匠以運斤指陽侯使息波豎泣
山之嶤嶤續鋼閣之峩峩莫不剔山骨拔雲
根貞女屹立伏虎晝奔督郵韁袂以相睨令
史臨江而抗尊雖不遭於鹽浜豈有佷於笞
痕嗟主人之不見佀羊牧之猶存何一拳之
足取笑九仞之徒勦旣而山戶哦箕篇歸雲異

乇輸萬金之重載走千里於通津使山以晉
骨則土將兕使王以爲璞則山將貧煮糧之
客勸終年之無飽談縱從絃之老持一法其讒
論嘗聞不爲無益則用之所以足惟土物變
則民之所以淳怪斯取之安用非野夫之樂
聞敦請使者頭呼而語曰蠦雞不可與語天
蟪蛄不可與論年朔齊侯之讀書豈輪人之
得言三老曰極治之世樵夫笑不談王道至
聖之門鄒夫問而竭兩端野人固顧知之對
曰上德光大孝通神明闡原廟之制妥在天
之靈以謂物不盛則禮不備意不盡則享不
精故金瑰琛琲天不祕其寶橿楠梗梓地不
愛其生而青州之怪猶未足於充庭故於此
乎取之且鑿太行之石英採穀城之文石以
起景陽於芳林者魏明之後陋也菲衣惡食
卑宮室以致美乎祭祀者夏禹之勤儉也上
方戒後苑之作緩文思之程赤數樸以正始
畫情文而事神此固上德之難名者矣抑嘗

聞之西有戎夷之羌比有匈騎之虜饋蹀血之卒支作下遊寬而送死方將不頓一戈不勦一羽殄醜類於煙埃瞰幽荒於掌股燕黃石之斯在儻素書之可遇抑又聞之三德雖修不遺指佞之章萬國雖和猶豢觸邪之獸蓋邪佞之蠹心猶膏肓之自腠惟屬鏤之無知顧尚方之奚抹故將鑄采石以爲劍凜豎毛於佞首若是則在邊無汗馬之勞在庭無履霜之咎也抑又聞之堯不能無九年之災湯不能無七年之旱雖陰陽之或盭豈閉縱之可緩故將放鞭石於亘都回雨暘於咳唾節又聞之扶耒之子有土不毛抱甕之老有莘不嫥冨者侈而貧者情游者逸而居者勞鍵齊導之有素奈狡兎而是逃故將取嘉石以列坐平罷民於外邪抑又聞之日不殺則[illegible]川不闕則清聽之屢者視必遠基之固者安不領方彼旒而出韡俾伐鼓而觴鞋蓋譜[illegible]之戒坐遠於千里而李之舉益危於薄冰[illegible]

四者之無告，允聖人之所矜，故將盡九山之赤石達萬寓之窮民三老悚然而興曰聖化蓋至此乎吏曰此猶未也若其造化掌中宇宙胸次彌綸兩儀而執天衡變理二氣而囊氣母此包犧之婦所以引日星之針縷方將鍊五色以補天育萬生於一府既無謝於裏城之師又何驚於藐姑之處吾亦與汝飲陰陽之和而游萬物之祖矣又何帝力之知哉三老稽首再拜曰鄙農之人聾瞽其知產豕其游竊億亥議乃命以

居易太湖石記

古之達人皆有所嗜縱最先生嗜書嵇中散嗜琴靖節先生嗜酒今丞相奇章公嗜石石無文無聲無臭無味與三物不同而公嗜之何也衆皆怪之走獨知之昔故友李生名約有云苟適吾意其用則多誠哉是言適意而已公之所嗜可知之矣公為司徒保釐河洛治家無珍產奉身無長物唯東城置一第南郭營一墅精葺宮宇謹擇賓客道不苟合居常

寡徒游息之時與石爲伍石有族聚太湖爲甲羅浮天竺之徒次焉今公之所嗜者甲也先是公之賓吏多鎮守江湖知公之心唯石是好乃鈎深致遠獻瓌納奇四五年間纍纍而至公於此物獨不廉讓東第南墅列而置之富哉不乎厥狀非一有盤坳秀出如靈丘仙雲者有端儼挺立如真官神人者有縝潤削成如珪瓚者有廉稜銳劌如劍戟者又有如虬如鳳若跧若動將翔將踴如鬼如獸若行若驟將攫將鬬風烈雨晦之夕洞穴開嗟若欱雲歕雷嶷嶷然有可望而畏之者煙霽景麗之旦巖崿霮䨴若拂嵐撲黛靄靄然有可狎而翫之者昏曉之交名狀不可撮要而言則三山五嶽百洞千壑覼縷簇縮盡在其中百仞一拳千里一瞬坐而得之此所以爲公適意之用也常與公迫觀熟察相顧而言豈造物者有意於其間乎將胚渾凝結偶然成功乎然而自一成不變已來不知幾千萬

年或委海隅或淪湖底高者僅數仞重者殆千鈞一旦不鞭而來無脛而至爭奇騁怪爲公眼中之物公又待之如賓友親之如賢哲重之如寶玉愛之如兒孫不知精意有所召耶將尤物有所歸耶孰爲而來耶必有以也石大小其數四等以甲乙丙丁品之每品有上中下各刻于石之陰曰牛氏石甲之上丙之中丁之下噫是石也百千載後散在天壤之内轉徙隱見誰復知之欲使將來與我同好者覩斯石覽斯文知公之嗜石之自會昌三年五月丁丑記

牛僧孺題太湖石詩序

李蘇州遺太湖石奇狀絕倫因題二十韻奉呈夢得樂天詩

胚渾何時結嵌空此日成掀蹲龍虎鬭恢恠鬼神驚帶雨新水淨輕敲碎玉鳴攙叉鋒刃簇縷絡釣絲縈近水搖奇冷依松助澹清通身鱗甲隱透穴洞天明醜凸隆胡準深凹刻兕觵雷風疑欲變陰黑訝將行噤瘆微寒早輪囷數片橫地祇愁墊壓鼇足畏

支撐玠重姑蘇守相矜嬾慢情爲探潤島物
不怕浪中鯨利涉餘千里山河僅百程池堂
初履見金王自風輕側眩魂滋悚周觀意氣
平似逢三益友如對十年兄王勣輿忝麈[illegible]
消煩破宿醒孃人當綺艏視秩即公輿鯆[illegible]
硿之石蠡蓋瀛以定念此園林寶還須別識精詩[illegible]
有劉白爲汝數逢迎劉禹錫和題姑[illegible]

太湖石兼寄蘇州詩

震澤生奇石[illegible]潛[illegible]
地靈初辟水府出猶帶龍宫腥發自[illegible]湖[illegible]
來榮鄉相庭從風夏雲勢上瀛古杰[illegible]拂[illegible]
魚鱗見鑑鏁玉韻聆煙波含宿潤苔蘚助[illegible]
青嶽究胡鶵貌纖鋩蟲篆銘尋顏傲林蘋[illegible]
動向雷霆煩勢近還散餘醒見便醒尼爲一[illegible]
敢息浮墻莫能停靜稱垂松蓋鮮宜映鶴[illegible]
忘憂常目數乎素尚與心冥[illegible]小欺相燕壓[illegible]
笑落星徒然想融結安可[illegible]年齡探[illegible]論[illegible]
耋搜求按舊經垂鈎入空[illegible]隔浪動[illegible]
獲人爭賀歡謠衆共聽[illegible]驚閱寶[illegible]

揚舲覩物洛陽陌懷人吳御亭奇言垂大翼
早晚起滄溟白居易牛相公宅太湖石詩錯
落復崔嵬蒼然玉一堆峯駢仙掌出罅拆劒
門開峭頂高危矣蟠根下壯哉精神欺竹樹
氣色壓亭臺隱起磷磷狀凝成瑟瑟胚廉能
露鋒刃清越叩瓊瑰岌嶪形將動巍峩勢欲
摧奇應潛鬼怪靈合蓄風雷黛潤沾新雨班
明帶古苔未曾棲鳥雀不肯染塵埃尖削
玕筍深剜馬腦叢海神移碣石畫障簇天台
在世爲尤物於人負逸才渡江千筏載入洛
五丁推出觚雖無意升沉亦有媒拔提水府
底置向相庭隈對稱吟詩句看宜把酒杯終
隨金鑾册不學玉山頹疎傳心偏愛園公眼
鬟煙共曉無此分虛管太湖來。又詩云遠
望老嵳峩近觀怪嶔崟纔高八九尺勢若千
萬尋嵯空華陽洞重疊匡山岑邈矣仙掌迥
呀然劒門深形質貫今古氣色通晴陰未秋
已瑟瑟欲雨先沉沉天姿信爲異時用非所

任磨刀不如礪擣帛不如砧何乃主人意重之如萬金豈伊造物者獨能知我心又詩云煙翠三秋色波濤萬古痕削成青玉片截斷碧雲根風氣通巖穴苔文護洞門三峯具體小應是華山孫皮日休詩茲山有石岸抵浪如受屠雪陣千萬戰蘚巖高下剗乃是天詭恠信非人功夫六丁云下取難甚網珊瑚厥狀復若何鬼工不可圖或拳若虺蜴或蹲如虎貙連絡若鈎鏁重疊如萼跗或若巨人骼或如天帝籽胮肛筼簹筍格磔琅玕株斷處露海眼移來和沙鬚求之煩耄倪載之勞舳艫通侯一以眄貴却驪龍珠厚賜以賙賚遠去窮京都五侯土山下要爾添嵒巘賞玩若稱意爵祿行斯須苟有王佐士崛起於太湖試問欲西笑得如茲石無陸龜蒙詩他山豈無石厥狀皆可薦端然遇良工坐使天質變或裁基棟宇礧砢成廣殿或剖出溫瑜精光具華瑱或將破仇敵百礮資苦戰或用鏡功

名萬古如會面今之洞庭若一以非此選擇詞
乎眞不持友作天下彥所奇者嶔崟所尚者
蔥蒨旁穿參洞穴內竅敷均環釧刻削九琳窗
玲瓏五明扇新琱碧霞段旋剖秋天片無力
置池塘臨屋只流眄海岱鈆松安得
名洞庭山脚失寒瓊敷成一朶孤雲勢貫畫
千年勻浪聲誰向機邊逢織女直疑巖下見
初平羊來賞物多成病目遠蒼苔幾遍行
石井松江二水唐張又新品第東南茶之水
爲七等以虎丘石井爲第三吳松江爲第六
今劍池傍經藏之後有大石井面闊丈餘嵌
巖自然上有石轆轤歲久堙塞今寺僧乃以
山後寺中土井爲石井甚可笑紹熙三年主

僧如璧始淘古石井去淤泥五丈許四傍皆石壁鱗皴天成下連石底漸窄泉出石脉一宿水滿井較之二水味甘冷勝劍池時郡守沈揆虞卿聞之往觀大喜爲作屋覆之别爲亭於井傍以爲烹茶宴坐之所自是古跡復出邦人咸喜

松江水在水品第六世傳第四橋下水是也橋今名甘泉橋好事者往往以小舟汲之

白雲泉在天平山盖育乳泉也白樂天詩天平山上白雲泉雲自無

心水自開何必弃衝下山去更添波浪向人

閒　范仲淹　靈泉在天半任波不能侵神蛟穴其中渴虎不敢臨靜照涵秋碧泓然一勺深遊潤勝雲飛散作三日霖天造豈無意神化安可尋挹之如醍醐盡得清涼心聞之異絲竹不含哀樂音月好群籟息消消度前林予晉龍雲笙伯牙收王琴裴回不擬去復發滄浪吟乃云堯湯歲盈盈長若今萬里江海源千秋松桂陰茲焉如有價北斗量黃金　陳純

臣薦白雲泉書　前進士陳純臣謹裁書獻于知府司諫閣下純臣聞仁智之性各有所樂蓋得之中而後寓之外也在昔仲尼登泰山曾點浴沂水聖賢之於寓亦已遠矣粤自剖判融結其中傑然若高嶽巨浸不待標異圖巳聳動人耳目不幸出於窮幽之地必有名世君子發揮善價所以會稽平湖非賀知章不顯丹陽舊井非劉伯初不振惟胥臺古郡直西不三十里有山曰天平山之中有泉曰

白雲山高而深泉絜而清黨逍遥中人覽寂寞外景忽焉而來洒然忘懷碨玭苑之一旗煑并州之新火可以醉陸羽之心激盧仝之思然後知康谷之靈惠山之英不足多尚天寶中白樂天出麾吾鄉愛貴清泚嘗以小詩詠題後之作者以樂天託諷雖遠而有所未盡是使品第泉目者寂寂無聞蒙莊有云重言十七今言而十有七爲天下之信非閤下而誰歟恭惟閤下性得泉之醇才猶泉之清仁稟泉之勇智體泉之動靄譪具四雅鐘于一德又豈吝一陽春之辭以發揮善價純日先人松檟寘彼一隅歲時往還嘗悅文辭窘澀不足爲來今之信瀆閤下一激齒牙之末孰發詠樂天如在當斂策避道不任拳拳之誠

錢源　白雲巖靜最深隈泉溜淙溶石竇開宿霧不生澄曉月殘風輕漾蟄寒雷源從天漢星邊落流自聱峯海上回莫謂無心事奔注曾隨霖雨下山來

憨憨泉在寶華山寺之東[illegible]相傳爲
得道僧名憨憨和尚者卓錫所出

滂雨泉在穹窿山

隱泉在洞庭西山毛公壇道側真誥所謂白芝
隱泉其水紫色

白磰出陽山鑿山爲坑深數十百丈始得初如
爛泥見風漸堅膩滑精細它處無此者土人
亦當白石脂用本草注吴郡貢石脂則知可
作石脂用又有一等紅紫色者亦以當赤石

脂用也

綵牋吳中所造名聞四方以諸色粉和膠刷紙隱以羅紋然後砑花唐皮陸有倡和魚牋詩云向日乍驚新繭色臨風時辨白萍文注魚子曰白萍此豈用魚子耶今法不傳或者紙紋細如魚子耳今蜀中作粉牋正用吳法名吳牋

五酘徒鬪反酒白居易守洛時有謝李蘇州寄五酘酒詩今里人釀酒麴米與漿水已入甕翌

曰又以米投之有至一再投者謂之殼其酒則清冽異常今謂之五殼是米五投之邪李蘇州疑是李紳

緑頭鴨水禽村人皆養之養者名家鴨野生者名野鴨野鴨多緑頭世傳陸龜蒙居笠澤有内養使杭州舟出舍下龜蒙家童以小舟驅群鴨出内養彈其一折頸龜蒙遽從舍出大呼云此緑鴨有異善人言適將獻狀本州貢天子今持此死鴨以詣官自言耳内養甚驚

厚祈之龜蒙笑而止因徐問龜蒙曰此鴨何
言曰常自呼其名談苑唐李邕鬬鴨賦東吳王孫嘯傲閭門魚腸王劍
蟻沸金擁寶瘵霧運遊波星奔拄舟兮錦纜
碧潤兮花源爾乃縈輕橈茫水閣綠管遞進
獻酬交錯雲欲起而中留塵將飛而遂落既
而醑調徙座取物爲舞鐸羽毛之好鳥得斷
解之仙鳧出籠而振少步而趨妥喋爭食離
洗帶鸂鶒隨綠波而澹蕩向紅藻而數揄鳧之
爲物也詭類殊種遷延遲重其聚則同而不
和其鬪則仁而有勇參差賚聚颺沓繽紛其
溶蔽求貞族如雲共沿波而弄吭各求匹而
爲羣續旅漪而相逐南洲渚而相聞於是乎
會合紛泊崩奔鼓作集如異國之同盟散若
諸侯之背約爰代論縱更相翻搏或離披以
折衝或巨振以奮却始翹力兮未勝終追飛
兮龍驤鶚鷙謂鷙鳴迴疑[illegible]迴反兮掣曳聯

翃兮踴躍，忽驚迸以差池。偃泝浮而鬥樂兮，嘌兮沸亂，傾耳爲之無聞。趐騰兮往來遙望，爲之潰濩。排錦石，蹴瓊沙，拔羽翰，纓綏霓，參差之荇菜，隱蕊菖之荷花。駐江妃之往轡，留海客之歸査。而乃擁津塞浦，旁觀如堵。空里壓訇磨兮，蛙黽兮失笑，龜魚兮遁泉專壑。之鵷沮氣，傾市之鶴慙妍。其爲狀也不一，其爲態也且傳。良戒之而在闘，俾闡義而志鍳。

鶴媒　吳人射鳥，養一馴鶴，俊行前而以草木葉爲盾以自翳，挾弩矢以伺之。群鳥見鶴以爲同類無猜，遂爲矢所中。陸龜蒙有鶴媒歌，譏同類相陷者。歌云：偶繫漁舟汀樹枝，因看射鳥令人悲。盤空野鶴忽然下，背翳見媒心不疑。媒閑靜立如無事，清唳時時入遙吹。徘徊未忍過南塘，且應同聲就

同類梳剔宛若把逢喜秪怕纔來又驚起窺
鱗咏藻乍互昂立定當膏流一矢媒懽舞躍
勢離拔似語功能邀弩見雲飛水宿各自物
妬侶害群由爾爲而况人間有名利外頭姿
語中猜忌君不見荒陂野鵝
陷良媒同類同聲真可畏

鵁鶄水禽陸龜蒙嘗得之於震澤黑襟青脛丹
爪噣色幾及項龜蒙哀其野逸而因錄籠檻
爲賦詩焉詞賦曾誇鸀嫙角瑀姘欲流果爲名悵別滄洲雛蒙靜置踈籠晚不
似閑栖折葦秋自昔稻粱高鳥畏至今珪組野人讎防微避繳無窮事好與裁書謝白鷗

炙魚吳公子光將殺王僚與專諸謀之專諸曰
王好何味光曰好嗜魚之炙也專諸乃去從

太湖學炙魚三月得其味乎饗王僚王僚被棠鋏之甲三重專諸置魚腸炙魚中以進擘炙魚推匕首刺王僚貫甲達背焉吳越春秋

魚鱠吳王闔閭三師將至治魚爲鱠將到之日過時不至魚臭須臾子胥至闔閭出鱠而食不知其臭復重爲之吳人作鱠自闔閭始也吳越春秋

鱠殘魚吳王孫權江行食鱠有餘因棄之中流化而爲魚今有魚猶名吳餘鱠者長數寸大

如筯尚類鱠形寀此即今之鱠殘魚博物志
鱸魚生松江尤宜鱠潔白鬆軟又不腥在諸魚
之上江與太湖相接湖中亦有鱸俗傳江魚
四鰓湖魚止三鰓味輒不及秋初魚出吳中
好事者競買之或有遊松江就鱠之者後漢
左慈嘗在曹操坐操曰今日高會珍羞略備
所少吳松鱸魚耳慈曰此可得也因求銅盤
貯水以竹竿餌鈎於盤中須臾引一鱸魚出
操曰一魚不周坐席可更得乎慈乃更餌沉

須臾復引出皆長三赤餘生鮮可愛操使鱠之周淡會者鱸鱠爲世所珍以爲晉張翰字季鷹爲大司馬東曹掾因秋風起思鱸魚鱠菰菜羹遂罷官歸金谷園記謂鱸魚常以仲秋從海入江菰葉南越人以爲筍和爲羹甚珍魚白如玉菜黃如金隋人已呼爲金羹玉鱠大業中吳郡嘗獻鱸鱠絲鱠事具鮸魚條

陶弼江上魚者詩云江上往來人但愛鱸魚美君看一葉舟出沒風波裏

東坡和文與可洋州金橙徑詩云金橙縱復里人知不見鱸魚價自低須是松江煙雨裏小船燒薤

擣香虀

白魚出太湖者爲勝舊説此魚於湖側淺水菰蒲之上産子民得採之隨時貢入洛陽吳人以芒種日謂之入梅梅後十五日謂之入時白魚於是盛出謂之時裏白

石首魚吳地記吳郡城下水中有石首魚至秋化爲鳬鳬頂中有石吳録又云婁縣有石首魚至秋化爲鳬鳬頭中猶有石今惟海中其味絶珍大略如巨蟹之螯爲江海魚中之

冠夏初則至吳人甚珍之以楝花時爲候諺曰楝子花開石首來笥中被絮舞三臺言其賣冬具以買魚也此時已微熱魚多肉敗氣臭吳人既習慣嗜之無所簡擇故又有忍臭喫石首之譏二十年來沿海大家始藏冰悉以冰養魚遂不敗然與自鮮好者味終不及以有冰故遂販至江東金陵以西此亦古之所未聞也海上八月間又有一種石首此時天涼不假冰養而自鮮美謂之回潮石首

河豚魚世傳以爲有毒能殺人魚無頰無鱗與
目能開闔及作聲者有毒而河豚備此四五
者故人畏之此魚自有二種色淡黑有文點
謂之斑子尤毒然人甚貴之吳人春初會客
有此魚則爲盛會晨朝烹之羹成候客至率
再温之以進云尤美或云其子不可食其子
大如一粟浸之經宿則如彈圓又云中其毒
者水調炒槐花末及龍腦水至寶丹皆可解
橄欖子亦解魚毒故羹中多用之反烏頭附

子荆芥諸風藥服此等藥而食河豚及食河豚而後即服藥皆致死蘇文定公轍嘗記吳人丁隲因食河豚而死以爲世戒明道雜志

針口魚口有細骨半寸許其形如針春時群集於松江長橋之下土人撈取以爲乾餉遠味甚腴

菰菜羹晉張翰所思者按菰即茭也菰首吳謂之茭白甘美可羹而葉殊不可噉疑葉衍或誤今人作鱸羹乃芼以蓴尤有風味

熙寧七年太和宮得大龜徑二尺其尾五介甲
甚堅人云計數百歲
蟹江湖海浦皆有之松陵倡和有海蟹詩然能
發風生疾故皮日休詩云病中無用雙螯處
陸龜蒙詩云藥盃應阻蟹螯香蓋人所嗜
也相傳稻之登也率執一穗以朝其魁然後
從其所之早夜觱沸指江而奔漁者緯簫承
其流而障之曰蟹斷得遯者奔紛越軼以入
于江則形質浸大矣漁者又斷而求之其得

遐者遂入于海形質並大海人亦異其稱謂

矣笠澤叢書

吳郡志卷第二十九

吳郡志卷第三十

吳郡范　成大　撰

土物下

彭蠏吳人呼為彭越蓋語訛也足上無毛堪食吳越間多以鹽藏貨於市嶺表録異

白魚種子隋大業六年吳郡貢入洛京敕付西苑内海中以萬杷别還着水十數日即生小魚取魚子法候夏至前三五日日暮時白魚長四五尺者羣集湖畔淺水中有菰蔣處産

子着菰蔣上三更産竟散去漁人刈取草之有魚子着上者曝乾爲把故洛苑有白魚大業

雜記

鮸魚出海中鱗細紫色無細骨不腥隋大業六年吳郡獻鮸魚乾膾十四瓶浸一瓶可得徑尺盤十所又獻其作乾膾法五六月海中取此魚縷切曬乾盛以瓷瓶密封泥欲食開取以新布裹大盆盛井底浸久出布瀝却水則斆然散著盤上帝以示羣臣曰昔術人介象

於殿庭釣得海魚此幻化耳今日之膾乃是東海眞魚亦一時奇味又獻鱸魚乾膾六瓶作膾法如鮸魚大業雜記

鮸魚含肚隋大業六年亦吳郡獻之多至千頭六七月取魚長二尺許者[redacted]皮光徹如黃油[redacted]醎有味賢於石首含肚時有口味使大都督會稽人杜濟者作此等食法以獻煬帝大業雜記

海蝦子大業六年吳郡獻四十挺挺一尺闊二

寸厚寸許先取海中白蝦子以小布袋盛末
鹽封之日曬夜則平板壓乾則破袋出之包
如赤瑠璃美勝鱭子其說又云白蝦一石僅
約五升暴殄之酷無烈於此今鱭子猶存而
蝦子則人不忍作矣大業雜記

鯉腴鮓出太湖隋大業十二年吴郡獻之純以
鯉腴爲之一瓶用魚四五百頭味過鱸鮪大業
雜記

蜜蟹擁劍皆大業六年吴郡所獻蜜蟹蟹

類擁劒即吳都賦所謂烏賊擁劒者自白
子而下至蟚蟹等皆煬帝窮侈縱欲之時吳
郡以爲貢多殺物命以共口腹旋致喪亡之
禍續圖經言之切矣此等物今不復製作但
其事登載未詳故重録之併以爲世戒
紅蓮稻自古有之陸龜蒙别墅懷歸詩云遥爲
晚花吟白菊近炊香稻識紅蓮則唐人已書
此米中間絶不種二十年來農家始復種米
粒肥而香

再熟稻一歲兩熟吳都賦鄉貢再熟之稻蔣堂登吳江亭詩云嚮日草青牛引犢經秋田熟稻生孫注云是年有再熟之稻細考之當在皇祐間今田間豐歲已刈而稻根復蒸苗極易長旋復成實可掠取謂之再撩稻恐古所謂再熟者即此

緑橘出洞庭東西山比常橘特大未霜深緑色臍間一點先黃味已全可噉故名緑橘又有平橘比緑橘差小純黃方可噉故品稍下而

其皮正入藥今市賣橘皮多雜以柑皮及永嘉匾橘皮不可不察歸田録云韋蘇州寄詩云書後欲題三百顆洞庭須待滿林霜著朝士有人題書尾曰洞庭霜橘三百顆韋正用此事余按王右軍帖亦云奉橘三百枚霜未降不可多得詞出於此唐司頊喻洞庭獻新橘賦以湖海清和遠人脩貢爲韻云洞庭之遠兮亘全楚而迹巨吳路悠悠以窮塞波森森而平湖遠國之奥纍纍中華之外區土所宜兮四方各異珠果斯出兮諸夏或無至於白商謝縱此律改風落遥林寒生窮海枇杷落而將盡荔枝摘而不待然後浮香外散美味中成照斜暉而

金色帶璣潤丞霜清圓甚垂珠璂樹方而向
熟味可適口丞果因而全輕在禹貢非它於
周制則鄰充厥苞於林下發使者於江淮懷
橙不得而離楚柚不得而和所獻者皆歡其
美所貴者不以其多歲崢嶸而已晚路崎嶇
而甚遠齊方亡以全之離本枝而不返其價
可重其味可珍因綠蔕而未變施素錦而猶
新若夕發於南國巳朝奏於北辰匪雕飾以
自嫘實羽翼以因人獻芹者既非其匹敵獻
桃者何足以等倫豈比夫江北則枳江陵則
洲隨櫨梨而莫逐備職貢而無由同碩果而
巳矣望君門兮阻脩渺哉植物斯多結實者
衆斯橘也來則備乎漸浦生則阻乎雲夢獨
擅美於當今及歲時而入貢**第二人賦**皇帝
垂衣裳而制萬國舞干戚而來九區包之編
柚至自江湖歲以爲常市知方揄之必有時而
後獻表庭實之何無其來則風秋洞庭霜落
環海元侯布教下吏奠以採碧林冬生太半異

寒乍去霜帶初辭綠蔕然後盛以蕭灑之筐
帝以江淮之菁背楚寒以西走望秦雲而北
□□方端想蹤跡默深居穆清扇鴻鈞而不
霄漢大樂而無聲闕彼要荒之貢得斯華實
之英乃明四目乃序九歌朱紱方來以彰其
道宗碩果可食以表其時和時和在乎務本
道泰在乎柔遠一物熟知百果之不荒一方
來知萬方之未晚橘之名也則珍橘之熟也
惟新越禮千里獻于一人丹其實體南方之
正酸其味含木德之純足以附荔枝於末葉
遺檳榔於後塵然以出自荒陬方聞莫由煙
波紅已歲月空留豈知夫湮沉可達職貢可
脩辭草澤以孤往入金門而見收物之因人
也其則以衆人之類物也豈不或中儻草木
之可儔希茂名於入貢 白居易揀貢橘書
洞庭貢橘揀宜精太守勤王請自行珠顆形
容隨日長瓊漿氣味得霜成登山敢惜駑駘
力望闕難伸螻蟻誠踈賤無由親跪獻願憑

朱實表丹誠梅摯新橘千頭霜熟摘來新包
貢虔脩望紫宸它日功成許高退社中還結
素封
人
眞柑出洞庭東西山柑雖橘類而其品特高芳
香超勝爲天下第一浙東江西及蜀果州皆
有柑香氣標格悉出洞庭下土人亦甚珍貴
之其木畏霜雪又不宜旱故不能多植及持
久方結實時一顆至直百錢猶是常品稍大
者倍價并枝葉剪之飣盤時金碧璀璨已可
人矣安定郡王以釀酒名洞庭春色蘇文忠

公爲作賦極道包山震澤土風而極於洛鷄麥而酌西子其貴珍之至矣又有三日手猶香之詞則其芳烈又不待言而知

蘇軾洞庭春色并引

安定郡王以黃柑釀酒名之曰洞庭春色其猶子德麟得之以餉予戲作賦曰吾聞橘中之樂不減商山豈霜餘之不食而四老人者游戲於其間悟此世於泡幻藏千歲於一斑舉棗葉之有餘納芥子其何艱宜賢王之達觀寄逸想於人寰嫋嫋兮春風泛天宇兮清閑駕洞庭之白浪漲北渚之蒼灣携佳人而往游勤霧鬢與風鬟命黃頭之千奴卷震澤而與俱還糅以二米之禾藉以三脊之菅忽雲烝而冰解旋珠零而涕潸翠勺銀罌紫絡青綸隨屬車之鴟夷款木門之銅鐶分帝觴之餘瀝幸公子之破慳我洗盞而起嘗散腰

足之瘴殰盡三江於一吸吞魚龍之神姦辟夢紛紜始跡髦蠻鼓包山之桂檝如林屋之瓊闕卧松風之瑟縮揭春溜之淙潺追范蠡於渺茫吊夫差之僝僽屬此觴於西子洗亡國之愁顏驚羅襪之塵飛失舞袖之弓彎覺而賦之以授公子司馬乎噫嘻吾言夸矣公子其爲我刪之

海杏大杏也范蠡宅在湖中有海杏大如拳今吳下杏獨有如小兒拳大者 地理誌

連根柹吳令顧脩湖言縣西鄉有柹樹祭本合條 義熙起居注

方蒂柹出崑山鄞縣亦出方柹形小方名如鞓紅味

極甘鬆它紅柿無能及者近年城中園亦
接其種然味不及常熟
韓梨出常熟韓丘皮褐色肉如玉每歲所生不
多價極貴凡梨削皮切片不移時色必變惟
韓梨雖經日不變所以獨貴
頂山栗出常熟頂山比常栗甚小香味勝絕亦
號麝香囊以其香而軟也微風乾之尤美所
出極少土人得數十百枚則以綵囊貯之以
相饋遺此栗與朔方易州栗相類但易栗殼

多毛頂栗殼瑩淨耳

蠟櫻桃自唐已有吳櫻桃之名今之品高者出常熟縣色微黄名蠟櫻味尤勝朱櫻不能尚

白樂天吳櫻桃詩含桃最說出東吳香色鮮穠氣味殊洽洽舉頭千萬顆婆娑拂面兩三株鳥偷飛處銜將火人摘爭時踏破珠可惜風吹兼雨打明朝後日即應無

梅譜并序梅天下尤物無問智愚賢不肖莫敢有議吳下所出而成大得而植於范村者十二種嘗爲譜之今掇其名狀略志於此**梅譜略云**曰江梅遺核野生不經栽接者又名直脚梅或謂之野梅凡山間水濱荒寒清絶之趣皆

此本也花稍小而踈瘦有韻香最清實小
硬曰早梅花勝直脚梅吳中春晚二月始爛
熳獨此品於冬至前已開或重陽後即有花
者故得早名曰官城梅吳下圃人以直脚梅
擇他本花肥實大者接之花遂敷腴實亦佳
可入煎造詩人所稱官梅止謂在官府園圃
中非此官城梅也曰消梅花與江梅官城梅
相似其實圓小鬆脆多液無滓多液則不耐
日乾故不入煎造亦不宜熟惟堪青啗北梨
亦有一種輕鬆者名消梨與此同意曰古梅
枝樛曲萬狀蒼蘚鱗皴封滿本身又有苔鬚
垂於枝間或長數寸至綠絲飄飄可玩其自
湖之武康所得者則不變曰重葉梅花頭甚
豐葉重數層盛開如小白蓮梅中之竒品花
房獨出而結實多雙尤爲瑰異極梅之變化
工無餘巧矣曰綠蕚梅凡梅花跗蒂皆絳紫
色惟此純綠枝梗亦青特爲清高好事者比
之九華仙人蕚綠華京師艮嶽有蕚綠華堂

其下專植此本人間亦不多有爲時所貴重吳下又有一種蕚亦淅緑四邊猶淺絳亦自難得曰百葉緗梅亦名黄香梅亦名千葉香梅花葉至二十餘瓣心色漸黄花頭差小而繁密别有一種芳香比常梅尤穠美不結實曰紅梅粉紅色標格猶是梅而繁密則如杏香亦類杏詩人有北人全未識渾作杏花看之句與江梅同開紅白相映園林初春絶景也西清詩話云紅梅承平時獨盛於姑蘇晏元獻公始移植西岡圃中一日貴游賂園吏得一枝分接由是都下有二本晏嘗與客飲花下賦詩曰若更遲開三二月北人應作杏花看客曰公詩固佳待北俗何淺耶晏笑曰傖父安得不然王琪君玉時守郡閒盜花種事以詩遺公曰館娃宮北舊精神粉瘦瓊寒露蘂新園吏無端偷折去鳳城從此有雙身此花當時罕得如此比來展轉移接殆不勝數吳下紅梅詩傳於世者甚多獨方惟深一

偏號絕唱梅聖俞認桃無緑葉辨杏有青枝當時以爲着題東坡詩老不知梅格在更看緑葉與青枝蓋譏其不韻爲紅梅解嘲云曰鴛鴦梅多葉紅梅也花輕盈重葉數層凡雙果必並蔕惟此一蔕而結雙梅亦尤物曰杏梅花比紅梅色微淡結實甚匾有斕斑色全似杏味不及紅梅曰蠟梅本非梅類以其與梅同時香又相近色酷似蜜脾故名蠟梅凡三種以子種出不經接花小香淡其品最下俗謂之狗蠅梅經接花踈雖盛開花常半含名磬口梅言似僧磬之口也最先開色深黄如紫檀花香穠名檀香梅此品最佳蠟梅香極清芳殆過梅香初不以形狀貴也故難題詠山谷簡齋但作五言小詩而已此花多宿葉結實如垂鈴尖長寸餘又如大桃奴子在其中白居易郡圃新栽梅池邊新種七株梅欲到花時點檢來莫怕長洲桃李妬今年好爲使君開方惟深紅梅清香皓質世稱奇柰

作輕紅也自宜紫府與丹來換骨春風吹酒上凝脂眞教臘雪無藏處只恐朝雲有去時

溪上野梅猶足種
秦人應獨未相知

蜜林檎實味極甘如蜜雖未大熟亦無酸味本品中第一行都尤貴之他林檎雖硬大且酣紅亦有酸味鄉人謂之平林檎或曰花紅林檎皆在蜜林檎之下

金林檎以花爲貴此種紹興間有南京得接頭至行都禁中接成其花豐腴艷美百種皆在下風始時折賜一枝惟貴戚諸王家始得之

其後流傳至吳中吳之爲圃畦者自唐以來則有接花之名今所在園亭皆有此花雖已多而其貴重自若亦須至八九月始熟是時已無夏果人家亦以飣盤

蓮花海棠花中之尤也凡海棠雖艶麗然皆單葉獨蜀都所産重葉豐腴如小蓮花成大自蜀東歸以瓦盆漫移數株置船尾纔高二尺許至吳乃皆活數年遂花與少城無異

桂本嶺南木吳地不常有之唐時尚有植者白

樂天謂蘇之東城古吳都城也今爲樵牧之
場有桂一株生乎城下惜其不得地因賦三
絶句以唁之近世乃以木犀爲巖桂詩人或
指以爲桂非是
子墮李從天竺寺根
盤今在闔閭城當時應逐南
風落落向人間取次生舊說杭州天竺寺每歲秋中有月桂子
霜雪壓多雖不死荊榛長疾欲相埋長憂落
在樵人手賣作蘇州一束柴○遥知天上桂
華孤試問姮娥有更無月宫幸有閑田地何
不中央種兩株
柳以垂者爲貴吳下士大夫家有得鳳州種者
其半拂地復堆如尺石湖綺川兩傍亦有之

樂天蘇州柳 金谷園中黃嫋娜曲江亭畔碧婆娑老來處處遊行徧不似蘇州柳最多絮撲白頭條拂面使君無計奈春何婆娑仵鋭娑

扶芳初生纏繞它木葉圓而厚夏月取葉火炙香煮以爲飲色碧綠而香隋大業五年吳郡貢二百本入洛京植之西苑時尚食直長謝諷造食經具四時飲春有扶芳飲大業雜記

牡丹唐以來止有單葉者本朝洛陽始出多葉千葉遂爲花中第一頃時朱勔家圃在閶門内植牡丹數千萬本以繒綵爲幕幙覆其上

每花身飾金爲牌記其名勔敗官籍其家不數日墟其圃牡丹皆拔而爲薪花名牌一枚估直三錢中興以來人家稍復接種有傳洛陽花種至吳中者肉紅則觀音崇寧壽安王希疊羅等紅淡紅則鳳嬌（又名西施）一捻紅深紅則朝霞紅（又名宮粧一家）鞓紅雲葉及茜金毬紫中貴牛家黄等不過此十餘種姚魏蓋不傳矣

王元之長洲種牡丹　偶學豪家種牡丹數枝擎露出朱欄曉來低面開檀口似笑窮愁病長官

吳縣廳前冬日雙開牡丹歌　君不見年年三月千叢媚紫欄紅紫[illegible]

人戴滿頭歸醉折狂分不爲貴枝間葉盡掏空培人情皆待明年開化工自有呼魂術霜前喚下瓊瑤臺王母親將金粉傅麻姑齊借霞裳來主人蓋是神仙才不然此物胡爲而來哉二姬勸酒誰引蒲長洲懶史先舉杯多感同年與攀折吟詩欲謝難輕發青宮校書方遒跡代我作歌如錦折他年吾輩功業成與君共作騎鯨客

菊所在固有之吳下尤盛城東西賣花者所植彌望人家亦各自種圃者伺春苗尺許時掇去其顛數日則歧出兩枝又掇之每掇益歧至秋則一幹所出數百千朵婆娑團欒如車蓋薰籠矣人力勤土又膏沃花亦爲之屢變

淳熙丙午歲戍大植於范村者正得三十六種嘗爲譜之今掇其名狀之略志於此

略論

凡黃花十七種曰勝金黃一名大金黃菊以黃爲正此品最爲豐縟而加輕盈花葉微尖但條梗纖弱難得團簇作大本須留意扶植乃成曰疊金黃一名明州黃又名小金黃花心極小疊葉穠密狀如笑靨花有富貴氣開早曰棣棠菊一名金鎚子花纖穠酷似棣棠色深如赤金它花色皆不及蓋奇品也窠株不甚高金陵最多曰疊羅黃狀如小金黃花葉尖瘦如翦羅縠三兩花自作一高枝出叢上意度瀟灑曰麝香黃花心豐腴傍短葉密承之格極高勝亦有白者大略似白佛頂而勝之遠甚吳中比年始有曰千葉小金錢略似明州黃花葉中外疊疊整齊心甚大曰太真黃花如小金錢加鮮明曰單葉小金

金花心尤大開最早重陽前已爛熳矣垂絲菊花蘂深黃莖極柔細隨風動揺如垂絲海棠曰鴛鴦菊花常相偶葉深碧曰金鈴菊一名荔枝菊舉體千葉細瓣簇成小毬如小荔枝枝條長茂可以攬結江東人喜種之有結爲浮圖樓閣高丈餘者曰毬子菊如金鈴而差小二種相去不遠其大小名字出於栽培肥瘠之外曰小金鈴菊花如金鈴而極小無大本夏中開曰藤菊花密條柔以長如藤蔓可編作屛障亦名棚菊種之坡上則垂下裊裊數尺如纓絡尤宜池潭之瀕曰十樣菊一本開花形模各異或多葉或單葉或大或小或如金鈴往往有六七色以成數色名之曰十樣錦鴛鴦百花黃抗之屬邑有白者曰甘菊一名家菊人家種以供蔬茹凡菊葉皆深緑而厚味極苦或有毛惟此葉淡緑葉瑩味微甘咀嚼香味俱勝擷以作羹及汎茶極有風致天隨子所賦即此種花差勝野菊野菊旅

生田野及水濱花單葉極瑣細曰五月菊花心極大每一鬚皆中空攢成一匾毬子細白
單葉繞承之每枝只一花徑二寸葉似同蒿夏中開近年院體畫草蟲喜以此菊寫生白
金杯玉盤中心黃四傍淺白大葉三數疊花頭徑三寸菊之大者不過此本出江東比年
稍移栽吳下此與五月菊二品以其花徑寸特大故列之於前曰喜容千葉花初開微黃
花心極小花中色深外微暈淡欣然丰豔有喜色甚稱其名久則變白尤耐封殖可以引
長七八尺至一丈亦可攬結白花中高品也曰御衣黃千葉花初開深鵝黃大略似喜容
而差疎瘦久亦變白曰萬鈴菊中心淡黃鈿子傍白花葉繞之花端極尖香尤清曰蓮花
菊如小白蓮花多葉而無心花頭踈極蕭散清絕一枝只一葩葉亦綠甚曰芙蓉菊開就
者如小木芙蓉尤穠盛者如樓子芍藥但難培植多不結繁曰茉莉菊花葉繁縟全似茉

利緑葉亦似之長大而圓淨曰木香菊多葉
略似御衣黃初開淺鵝黃久則淡白花葉尖
薄盛開則微卷芳氣最烈一名腦子菊曰
酴醾菊細葉稠疊全似酴醾比末利差小而圓
曰艾葉菊心小葉單緑葉尖長似蓬艾曰白
麝香似麝香黃花差小亦豐腴韻勝曰白荔
枝與金鈴同但花白耳曰銀杏菊淡白時有
微紅花葉尖緑葉全似銀杏葉曰波斯菊花
頭極大一枝只一葩喜倒垂下久則微捲如
髮之鬈曰佛頂菊亦名佛頭菊中黃心極大
四傍白花一層繞之初秋先開白色漸變微
紅曰桃花菊多葉至四五重粉紅色濃淡在
桃杏紅梅之間未霜即開最爲妍麗中秋後
便可賞以其質如白之受采故附白花曰燕
脂菊類桃花菊深紅淺紫比燕脂色尤重比
年始有之此品既出桃花菊遂無色蓋奇品
也姑附白花之後曰紫菊一名孩兒菊花如
紫茸叢茁細碎微有菊香或云即擇蘭也以

其與菊同時又常及重九故附於菊

萱草一名紫萱又名忘憂草吴中書生呼爲療

結花子年拾遺

麝香萱吴中有之述異記謂香似紅藍而甚芳今吴下所植其花淡黄比常萱差瘦弱香全類末利爲可貴也

錦帶花又名海仙蓋王元之名也此花雖處處皆有吴中者特香略如瑞香山礬葉團中夾路多植之

錦帶海仙花

泥根捧入故吴宫餞

力迎顧帶瀲紅[illegible]

栽近木蘭殘，有意留連文酒繫春風。舊牧孫覺學士傳釀法於木蘭堂，因以名酒。

石竹花，草花也，狀如金錢。陸龜蒙《石竹花詠》所謂「金錢買春風」者。陸龜蒙：曾看南朝畫國娃，古羅衣上碎明霞。而今莫共金錢鬭，買却春風是此花。

鼓子花，野花也。皮日休《虎丘詩》云：鼓子花明白石岸。

金竹，不甚大，色如金，今多不見。蔣堂嘗有詩：百鎰多裝一徑深，潛疑造化鑄成林。貪夫或有覬覦者，不見脩篁但見金。

哺雞竹，葉大，多濃陰。雞鬪徑難得，極大者而至易種。其筍蔓延滿地，若雞之生子衆多，故名。

哺雞吳人謂雞鶩伏卵爲哺

桃枝竹皮日休虎丘汎舟云桃枝竹覆翠嵐溪

白芷一名葯世傳吳白芷以吳中所出者爲貴

陸龜蒙擷蒻賦葯白芷也香草美人得以比之君子定情屬思聊爲賦云曰上融冷春歸飾荒觀一時之流恨撫萬古之遺香斷人則不屈不宋說地則非楚非湘搴其榮煙攜而動色擢其體雪挺而騰光諷畔牢愁子雲於焉華皓吟哀時命曼倩由是擢藏情思矜年慵情畏晚胡繩繫畧以難駐藒車載春而不返陋君折揚柳濵爲送行陋君採芙蓉乃勞贈遠豈知陰晴互出雅艷相迎隈回鳳喜怒忿濾鶯待笑者青琴時號顧謂者碧玉爲名偷饒積競縈盈月斜柯而水怯鬢疊葉而雲爭蘭在口以時聞灊如連瑣黃犖心而不定

飄若從縣從心旌契叩難申融恰暗許石能潛通
以求偶山亦浮來而命侶誓不爲叢阿竹舟
舟孤生誓不爲澗底松亭亭獨處於是欺皓
本掩湘縷房紅。者自破帶縹者誰披望懷沙
之浦詠遺襟之詞煙分而纍墨猶濕綺斷而
龍刀合知只言長信長門年年可悵未必傾
城傾國箇箇生悲臨階躑躅以虛徐當戶薔
薇兮約弱蜂咋葉而先盡鶯踶枝而易落未
若北堂公子樹芳草忘憂南國佳人佩生香
辟惡露茁煙浥風條翠謔不知海傍之期遠
不信人間之命薄休爲上計掾空尋寶釵聊
作侍中郎且乘金絡別有廬江小吏蜀郡長
卿或支離而藥恨或調笑以囊情不同乎稟
誓裾而霧悄柔禮義以霜明鄭交甫則江邊
琢解蕁綠華則席上詩成彼怡神而致問皆
護節而含眞竦擢自持雖陳辭而往懇遷延
却立終抱恨而難平淚滴堪穿腸回好繫蟲
纖怨以成段酒觸愁而判剝江僕射之孤燈

向壁不少妻迷張記室之少婦當壚還應細
麗景方駘蕩思已低摧波疲於子建爲使花
困於靈均作媒何庶物之相負痛妍華而未
廻莫與心傷瑶圃從驚鶗鴂一鳴誰如防膽怯
空屏宜霣魁堆獸名剩欲追尋徒嗟緬邈杯
形連理而終在扇様合歡而可學若遇劉公
伯雅夢亦沉沉如逢
王母少黎書還數數

榔李花小碎花也繁縟可愛陸龜蒙有榔李花
賦云一枝上能萬其膚蕚一蕚中自叅其毋
自狀其實也

薔薇花有紅白雜色陸龜蒙詩所謂倚墻當户
一端晴綺者紅薔薇也皮日休况舟詩所謂

淺深還看白薔薇者則是野薔薇耳水邊富
有之紅花又有金沙寶相刺紅紫玫瑰五色
薔薇等白花又有金櫻子佛見笑等皆薔薇
類也又有黄薔薇一種格韻尤高
蓴味香滑尤宜芼魚羹晉陸機入洛見王濟
指羊酪謂機曰吳中何以敵此機云千里蓴
羹未下鹽豉時人以爲名對晉書
菘菜唐人有云闊葉吳菘巨根蜀蒻
五色瓜吳威王時會稽生五色瓜梁時吳中亦

有五色瓜歲充賦述異記

藕　唐蘇州進藕最上者名傷荷藕傷荷之名或云葉甘爲蟲所傷傷甘藥則長其根也國史補

暇日吳中觀貢藕野艇幾西東清泠映碧空褰衣來水上捧玉出泥中葉亂田田綠蓮餘片片紅激波纔入選就日已生風御潔玲瓏膳人懷拔擢功佛山謾多呂下與世流同

芰　即菱也今人但言菱諸家草木書亦不分別唯武陵記云四角三角曰芰兩角曰菱今蘇州折腰菱多兩角酉陽雜俎折腰菱唐甚貴之今名腰菱有野菱家菱二種近世復出餛飩菱

最甘脊腰萎廢矣

吳郡志卷第三十

吳郡志卷第三十一

吳郡范　成大　撰

宫觀　府郭寺

宫觀

在城仙佛之宇皆中興重建或謂天慶觀門廊三清殿能仁報恩大殿比舊加壯云

天慶觀在長洲縣西南即唐開元觀也兵火前棟宇最爲宏麗紹興十六年郡守王㬇重作兩廊畫靈寶度人經變相召畫史工山林人

物樓櫓花木各專一技者分任其事極其工
緻淳熙六年　聖祖殿火提刑趙伯驌攝郡
重建三清殿淳熙三年郡守陳峴建初道士
募緣　御前亦有所賜始克成就八年
至尊壽皇聖帝賜御書金闕寥陽寶殿六字
爲殿額御書跋語上既詔新平江府天慶觀三清殿逦親御翰墨書金闕寥陽寶殿六大字以揭之雲漢昭回龍鳳翔翥萬目聳瞻威顏咫尺猗歟盛哉臣觀唐文皇書晉居鍾王之九形篇詠賜臣下載在汗簡侈爲美譚然於明道闡教爲生民祈福者未始有聞恭惟皇帝陛下天縱之能游藝八法粵出神所受庸足云別方玩志昭曠儲神穆清觀

造化於化原跡斯民於壽域囿非下民所能
測窺其萬分弟自今仰觀幻奐之遠奎壁垂
光王氣所鍾奔走百神撝訶護持閟啟郢
或後當與天無極云郡守趙伯驌恭題羃人

龔頤正作上梁文以進壽皇嘉焉在昔吳都于今
漢輔誕惟仙聖之宅有嚴壯麗之區與日月
以蔽虧式表中天之華闕飾雲霓而來御蔚
爲上帝之高居慶基岳峙以當隩隸宇星羅
而拱極南端洞達正殿穹崇維時三境之常
尊騎集九光之法駕蜿蜒萬旋遺址故存輦
飛百擂鑾目未覩方重熙累洽之運正逐至
邇安之時曾是殊庭莫還舊觀其何以佇飈
游於肸蠁甄靈既於福負皇上睠言不容
有司之實壽宮申祝寘儲二聖之依於臣
承眷志以致虔上士不崇朝而樂施至人示
化高道勤心占營室於瑤光萃梓材於荊楚
黃石霞舒引墨雷動揮斤是度而是宜不遺

而不竦瓊檐編拱皎若化成金戺王階殆非人壙佇結綺粲朝暾之采想獻稜宿非煙之祥節規太紫之圓方俯盡魑神之情狀下鑄鳴之玉珥知足稱於降臨貺帖妥之瑤壇庶永薦於祠奉考其經始曾不淹辰斯舉應龍之脩梁可後巨鼇之竊抃敢伸善頌以佐歡謡抛梁東滄海微茫一望中暘谷扶桑朝王殿郁然和氣御靈風抛梁西震澤重湖王浪低風雨調和時節好不煩香火詠朝隮抛梁南只尺神都漢輔三丙位有星長爛爛兩宮天壽與之參抛梁北金榜雲房新表出一念通神本聖功入荒有道開皇極抛梁上風馬雲車來有象上元八景是天宮萬歲千秋輪景貺抛梁下日夕曾壇隆報謝昭垂乾象報豐年開闡坤珍資道化伏願上梁之後燕闈康壽[redacted]宸扆尊隆德教並恢於彤管仁歷長楙於青宮國棟無撓王臣盡忠邊圉永肅於兵革民編益劭於耕農千里絕扎瘥之警

四民均享壽之工協氣旁溥而六輿下九鳳五龍於平世高靈偃蹇而嬪服翩千乘萬騎於浮空來佑太平之極治普臻希靜之真風

皮日休傷開元顧道士

協晨宮上啓金扉詔使先生坐蛻歸鶴有一聲應是哭丹無餘粒恐潛飛煙淒玉笥封雲篆月慘琪花葬羽衣腸斷雷平舊遊處五芝無影草微微

觀中有金寶牌　真宗所賜永鎮於地者兵火獨全六朝舊物也殿後迴禪庵淳熙八年左街道録李若濟奉　命建庵額三字亦　御書先是有何道人者自紹興初往來提舉司或觀前真武堂草積中披髮顛狂以蓑衣蔽形故號蓑衣道人寒暑

不避不與人親或云時有一語中人災福兩朝間遣使降香問其安否然庵則未始遷也

澄虛觀在永定寺西

崇眞宮在能仁寺西宣和中爲神霄宮燬於兵門有青石橋扶欄雕刻之工細如絲髮爲吴中橋欄之最

修和觀在盤門外五里舊曹太和宮政和中改賜今名紹興間道士朱至仁復建王寓備撰新修太和宮記

夫大道無名強其名而彰用老敎無類槩其
類而誘人得之者同出而異名失之者賤殊
而貴我有昔皇綱既紊世敎多門雖分之而
有三亦統之而爲一蓋應機以設殊塗而歸
者矣粤夫伯陽之道宣父所師尚清淨以化
民體希夷而應物用之理國則絕聖棄智追
軒昊之淳風以之修身則抱樸含章畢巢由
之素隱無欲觀妙有感則通遐乎遠哉不可
得而言矣蘇州太和宫昔自唐罷誠之別業也
誠之子師顔叔其子守遊避巢寇之亂從而
家焉先是道士戴省甄者長洲人也幼喪其
父適母歸于畢氏宗逸無子戴育嗣焉與其兄
子從公棄俗入道淮海王之有國也五世其
昌三數具舉顔毗陵之勍敵建吳門之巨屛
利用禦冦匪親不居節度使錢公文奉表上
是分緇黃充盛乃以子從公主明元觀省甄
處洞從公宫尋屬兄也云亡委兹棟甍母方
不造傷彼棘心且念出祇琴之家繼臥處之

後林烏返哺以無及桑蟲受食而有懷恩含
田園肇興寶宇爰以己巳歲申牒而請命焉
則神德啓運之九年開寶紀號之二祀也錢
氏賜額曰太和乃與弟子吳越地之主而建
焉于是剪榛蕪以樹垣墉浚汙潦而闢池沼
伐彼良木鳩于梓人繫日以僝功隨方以募
衆亦既興息斯焉吉成倬彼仙鄉忽如神化
則有上清之殿事天尊也北極之堂列仙官
也星壇三級修祠祀也霜鍾萬鈞警昏旭也
繪事盡妙睟容有儀芝蓋雲駢婉若瑶池之
會冰膚雪態依然姑射之人其或民罹札瘥
歲有水旱則必禱三官而禳謝修七齋之式
儀霜清步虚露冷貝籙章醮具矣福禄隨之
實天神之攸憑生民之所怙也爾乃就水以
治檻因高而創亭奇花移茂蔙之春植石栽
泥庭之翠夏筍錦拆秋荷蓋圓纖埃不生樂
卉自茂漁人誤入應謂排源海客遐瞻更迷
蓬島姑蘇勝槩此實盡之暨　聖上承乾誥

上入覲隋圖籍而效貢已亦提封攷碑篆以
無闕曷虞陵谷禹甸字人多暇訪道于茲爰
述斯文厥垂來裔振紘一歌而化俗尚愧子游
乘風雲而上天焉知老氏謹爲銘曰蘇臺南
阯震澤東涘其誰居之伊公之里其諡嗣之
戴氏之子輩茲浮世依彼從從云門乃與宮宇
肇自田園畝功既靖其教彌尊宅山末勒祕
宇空存敵書事迹貽于後昆

春晚遊太湖宮

詩
數里漪萍夾岸莎春來乘興宿煙蘿隨風
胡蝶顛狂甚當路花枝採折多縈節參差抽
苦笋畀紬狼籍戲圍荷湖山蒲
眼不休去空羨漁翁雨一蓑

皮日休

靈祐觀在洞庭山林屋洞傍舊名神景宮唐乾
符二年建內有林屋洞洞中景物具祥符圖
經本朝天禧五年詔郡守康孝基重造

次神景宫

夜半幽憂中扁舟似鳧躍曉來到何許俄倚包山岬三百六十丈積空刊如削遐瞻但徒奇欲上先躩躒濃露濕莎裳淺泉漸草蹻行行未一里節境轉寂寞靜逕侵沉寥仙扉傍巖毫松聲正清絕海日方照灼燉臨幽墟天禹想皆擺落壇靈有芝菌殿聖無鳥雀瓊幃旨廻旋錦旌空燦錯鼎氣爲龍虎香煙混丹臒凝看出嶺雲默聽語時鶴緑書不可汪雲笈應無鑰晴來鳥思嘉崦裏花光弱天籟如擊琴泉聲似摐鐸清齋洞前院敞負從從ム云科約空中糸一羽章池上皆靈藥金醴可酣暢玉鼓堪咀嚼存心服鷰胎叩齒讀龍蹻福地七十二茲焉堪永託在獸之虎軀於蟲不毒蠹嘗聞擇錄仙誌非可作緑腸旣朱髓青肝復紫絡余之此机天與形見惡每嗟原憲癯常苦疾瘠終然合委頓剛亦慕寥廓三茅亦嘗竟與珪組薄欲問包山神來賒少巖壑

陸龜蒙

曉帆逗碕岸高步入

神京灑灑襟袖清如臨蘂珠屛雖然群動息
此地常寂靜翠澗有寒錫碧花無定影凴軒
羽人傲夾户天斲猛稽首朝元君褰衣就虛
省砑空雪牙利斷水石齒冷香毋未垂嬰苦
田不論頃遥通河漢口近撫松桂頂飯薦七
白蹝杯醨九光杏人間附塵躅固陋員鈕顆
肯信抃鼇傾猶疑夏蟲永從從壮津蕩瓊甕紫
汞啼金鼎盡出冰霜書期君一披省**皮日休**
三宿神景宮古觀岑且寂幽人情自怡一來
包山下三宿湖之澤況此深夏夕不逢清月
姿玉泉浣衣後金殿添香時客省高且敞客
恭蟠復奇石杭冷一散蹋螢濤寒侵肌氣清寐
不著起坐臨堦墀松陰忽微照獨見螢火芝
素鸛警微露白蓮明暗池窻檻帶乳蘚壁縫
含雲䫫鬭聲走䫫見獨奔覊雌**霓虹**欲滴
瀝芭蕉未離披五更山瀑響鬣發如吹篁杉
風忽然起飄破步虛詞道客巾異様上清朝
禮儀明發作此事豈終甘趣馳**陸龜蒙**靈踨

未徧尋不覺谿色暝迴頭問樓所稍下杉蘿
逕巖居更幽絕澗户稍隱映過此即神宮虛
堂愜雲性四軒盡曠達一榻何清零髣髴聞
玉笙敲鏗動涼磬風凝古松粒露壓脩荷柄
萬籟既無聲澄明但心聽希微辨真語君授
靈皇命尺宅按來平華池漱餘淨頻窺宿羽
麗三吸晨霞盛豈獨冷衣襟便堪遺造請徒
探物外趣來脫塵中緣舉手謝靈峯徜徉事
歸艇

上真宮在洞庭山上舊上真觀梁大同四年置

元豐中陳手撰上真宮記蘇州之南四十里
有湖曰太湖即古震澤也又西二十里有山
曰洞庭即古包山也山蹲太湖心而形勢巉
嶭氣象聳秀非人世所宜奄據而傳者皆以
爲神明多宮乎此蓋山之中有林屋幽墟之
天即洞天之第九也又有毛仙公之壇即舊

地之四十三也又山之西杳渺峰之南北際湖之陽即梁隱士蕭順昌之宅也大同四年隱士捐宅以資道而奏可其爲宮即今之壽聖上眞宮也山與塵土隔而宮又當山屏環合之交人亦信其爲神仙之別隱也崇岡伏嶺雲煙之所封而不散邃巖麗谷泉瀑之所漱而不枯舒焉而明莫知其爲晝慘焉而晦莫辨其爲夜蓋山間之朝昏也芳林茂草虎狼之所留而霜雪不能彫衄花野實禽獸之所勝而人力不能攘金石之潤不以暑而燥松桂之青不以寒而改蓋山間之四時也累朝昏以爲月而不眩其積四時以爲歲而不見其久幽人已往而避者誰祀荒區相仍而來者誰繼此其年歷愈滋而遺緒易替也天聖八年州憐其如此乃於天慶觀選道士崇紹先以主之山林之居其朋以木石其游以麋豕而間焉不翦則藂蔓荒我室荆棘蕪我路矣況緜久哉紹先至即誅薙以治廬葺

特肅神位而已又以晏内庾也封土以崇墉非特限坌葬而已又以威外侮也宫室既閎神明既容山蔬圃茹足以食終日遺術禮雖足以化衆人訖至和改元紹先亡令朱超政代之即其嗣也超政又能謹勵其守而光明其傳以齋戒攝心之邈不以夷險動也以鍼藥救人之急不以貧富辭也舉包山之民無遠近無少大皆名其爲先生也蓋昔之所已廢至二人而與昔之所不足至二人而備使數百年之蹤粲然復在者豈非人之難能歟余因爲之説曰冲虚以生自體靜以生明而杳焉其太無者追之眞也以心君神以神王氣而依焉其無精者道之用也與物非搆而任之以其不忍與我非嬰而應之以其無對由是而精之則神也由是而神之則仙也術傳於祕不傳於露用欲其晦不欲其彰全眞於太陽所以不輕其昇天養形於太陰所以不疑其夜解蓋德之陰以與天也合即將以

相天地而焉爲天地所相行之寮以異運者
通御將以役鬼神而焉爲鬼神所役出入其
獨府所不齊此古之所謂至人而寂寥乎百
年間無一人也使吾道之不明於天下者爲
智者不知乎此而愚者不能用也使吾道之
不行於天下者爲信者不篤乎此而歎者好
行詐也今之名山有如洞庭者固多矣其能
奮振吾道以興壞濟物有如二人者亦可謂
難見也余所以樂爲記其大畧而又爲之說
如此文林郎守常熟縣尉陳子撰

皮日休

逕盤在山肋繚繞窮雲端摘菌杖頭紫緣崖屐
齒刓半日到上眞洞宮知造難雙戶啓眞景
齋心方可觀天鈞鳴響亮天祿行蹣跚琪樹
夾一逕萬條青琅玕兩松峙庭際恠狀吁可
嘆大蟦騰共結脩虵飛相盤皮膚坼甲冑枝
節擒獮犴獰處以天裂朽中如井習襹褷風
聲潨吧跒地力孩雜音根上露鈿鈌空中狂波
灘合瞭若砉莽闊處如轣轆儼對無霸陣靜

問嚴陵灘靈飛一以護山都焉敢干兩郭絜
寂歷中殿高巑岏静架九色節陽懸十絕幡
微風時一吹百寶清闌珊昔有葉道士位當
昇靈官欲變紫微志唯貪虹景丹既遂隱龍
去道風猶比蹤猶閑絳目草往往生空壇豈
容兩三人石上譚泥丸謂我或龍胄犖然與
之襟衣巾紫華冷食次白芝寒自覺有真氣
恐隨風力搏明朝若更往必擬隳儒冠陸龜
蒙嘗聞昇三清眞有上中下官居乘佩服二
一自相亞霄裙或霞褰侍女忽王姬坐進叅
君腴去馳飈欲駕今來上眞觀悦若心靈許
祇恐暫神遊又疑新羽化風餘撼朱草雲破
生瑶樹望極覺波平行虛信煙蘿閉開飛龜
帙静倚宿鳳架浴狀既能遺塵冠聊以卸人
間方大火此境無朱夏松盖蔭日車泉紳施
天鐏窮幽不知倦復息芝園舍鏘珮引凉姿
焚香禮遥夜無情走聲利有志依
閑暇何處好迎僧希將三樓借

希夷觀在靈巖山下紹興十三年四月太傅寧海武寧安化軍節度使充醴泉觀使咸安郡王韓世忠用私錢於平江府靈巖山下修蓋道觀計屋五十餘間乞以希夷爲額詔特從之

府郭寺

能仁禪寺在長洲縣西北二里即梁重從之從幺寺入國朝爲承天寺庭列怪石俗傳錢王立前有二土山中有銅無量壽佛像高丈餘宣和中禁寺觀橋梁名字以天聖皇王等八字改今額[illegible]時暖陂雲從從杖冉晨霄澄景光始見吳都八十里蔚蒼蒼

山川表明聖朝尊君崇恭合省藥水陸駢闐
會四方俗繁節又當雨順物亦康禽魚各翔
泳草木滋芬芳於茲首瞻俗一用勸農桑識
知虎符忝但恨歸路長孫覿能仁寺重鑄鐘
銘太平興國之初平江節度使孫承祐鑄大
銅鐘於能仁寺爲樓三成居之後百五十年
當建炎庚戌盜入平江能仁火一夕燼又
四年紹興癸丑寺僧行和者募衆力更鑄鐘
成爲銅萬三千斤晉陵孫覿爲之銘曰法音
無礙遍滿大千際天軼海無量無邊衆生執
迷馳走空聚聽蟻爲牛夢春作鼓矯亂顛倒
妄認前塵色聲交鶩不守其真粤有大士脩
三摩地出大音聲而作佛事燧木華金以燔
以鎔鑄此東序千石之鐘號以目聞豬以足
聽水鳥風林更相和應除聾破聵一擊而通
八方上下地獄天宮一切藕中十類四相九
厥聲聞偶
證無上

永定寺在吳縣西南前梁所置唐韋應物[illegible]竹行已遠子規啼更深綠池芳草氣閑齋樹陰晴蝶飄蘭逕游蜂遶花心不遇君携手誰復此幽尋寓居精舍政拙忻罷守閑居初理生家貧何由往夢想在京城野寺霜露月農興羈旅情聊租二頃田方課子弟耕眼暗文字廢身閑道心清即與人群遠豈謂是非嬰永定寺喜辟强夜至子有新歲慶獨此苦寒歸夜叩竹林寺山行雪滿衣深爐正燃火空齋共掩扉還將一樽對無言百事違

朱明寺在吳縣西北東晉時邑人朱明捨宅爲寺舊傳朱明富而孝友其弟聽婦言壞宅欲避兄離居明以金毀盡與弟唯留空室一

夕大風雨悉飄財寶還明宅弟與其婦愧而自縊明乃捨宅爲寺楊備宋明寺不惜争分不義財舊居金碧照樓臺何緣半夜狂風雨暗裏却飛錢帛來

廣化寺在長洲縣西一十步梁乾元三年諸葛氏捨宅爲之名崇其禪院　本朝大中祥符元年改賜今額中更兵火悉爲煨燼都僧正清江以醫藥利施一方所得貲不以厚其藏而以建大殿塑三世佛大菩薩齋堂十方佛殿淳熙二年其徒復以餘貲築捌經樓龔頤正

爲之記其略如此方子通和廣化寺下日府宴致仕諸公詩使君瀟洒寶閣金地無塵畫敞關風靜簫聲來世外日長仙景在人間詩成郢客爭揮翰曲罷吳姬一破顏此節東南無此會高名千古映湖山

龍興寺在吳縣西南梁所置紹興間於官倉瓦礫中得房琯所作寺碑韋夏卿再立者唐金紫光祿大夫守吏部尚書同中書門下平章事清河公房琯寺碑秘書省校書郎綦毋潛銘

歟初道在人和上皇取象以濟其畧中古淳薄人散東周出禮以順其動後代澆極人亡西方流化以復其情夫動與理違靜與道遇詩書之義尚乎聰明其慾動以乖渠戒之旨反乎視聽其慾靜以適然則先王之作其未盡歟如來之道其無上真觀其數乘方駕渴

智名新其業大慈一貫胎化成遂其情法要
賜言沸性可以懸得禪宗陰契菩提可以程
至通天上地下之事達前生後身之理歷劫
必遇其勝因果生固成其圓果輪迴逕厄無
物不盡非釋迦如來孰能至於此乎精宮宮
歸誠之地比丘是覺後之人非明王良臣與
能崇於此乎此宇宙我高祖創集之我烈祖
潤色之則天皇后中饋之孝和皇帝再興之
此龍興寺則孝和之天下諸州各建同號所
以褒王業也雖棟宇已立而裝持未嚴開元
十七年天少下焚僅獲半存州將皇三從叔
無言聖微猶帝緒稟受自高發慮存誠與庶
品不類於彼無度外之物在我無累己之人
廣不可尋深難以測政成化傳身逸俗康位
居藩牧與天子共理親則叔父與人主同家
護社稷深於他臣視諸與別於餘寺與言多
感舉意大成以家率先施鏹數萬合境僧尼
寧道會一體物通十方同力來奉佛塔此剎

是闔廬故國太伯始封習尚華大工克劉
聞義風偃捨財雲集上座成嚴長江氣雄心
朗才傑寺主行處人想遺形苦心堅行相與
戮力營衛受杖州主由是發人取材董貲購
匠川流咽塞道路相望體製諮決於公輸環
巧採奇於衆藝程式既定百工齊舉素無特
起舊有增飾繼備正殿之四窗蔓長廡之南
垂廊開房室增加既庫高閣疊起以下覆三
門並建以相枝知少華之承四嶽少室之拱
維蔦彩翠虹新欒彌雲密緻爾已就宛然飛
成右驛亭左城堞旦望直視一面齊啓背倚
闤闠俯朝盈夕散之人前枕通莊闕朝京通
越之士地富聚落之腹壯爲塔廟之首標吳
中之巨麗實天下之景福向若衆生無緣覩
佛不出世象教何由及此乎聖祀非長則帝
不出震龍興何以建寺乎州無賢牧則蒸庶
不化財力何以得廣乎百祥畢備成是實功
足可以光揚前烈乎佑下人也昭浮客一過

捨舟投體目駭哥功心賞直節輕諸敘事不
甚明暢銘而頌之實在能者詞曰在昔元命
運華唐德大象有歸神器載復天人用變旋
縱津宥福延命挙士崇之法堂錫名取類擦
宇以光善本物荷津亦神護發地騰焰莫知
其故踈綴煙銷迴[illegible]燼去半落層縱對斜通
平地烈烈皇叔總我古城象設不覩風埃咸
盈崩殘不葺忠孝何并乃廣其施誘人助成
英英郡貳亦既同聲繄繄僧士誰非會情投
心霧塞効信泉涸舊製俄蕭新規更營龍蹤
透檻虎翼飛甍輿國同劫配天作程假詞紹
美吁其以驚貞元中造寺僧元壹神悟寺主
靈俊上座靈琬都維那靈[redacted]經營結縱對心
廣願成化攝有緣捨施雲會取材斬木鑿水
斧山鶩途數千剋期以就戊寅歲刺史給事
中京兆韋公夏卿言念棟宇修復碑紀起窓
爰獲舊支重此刻立時十四年又十月十五
日建東海徐知古書前守揚州高郵縣尉

寧篆額楊備詩高刹長幡敞浄居方袍圓笠照通渠龍興舊額加新榜不見金輪皇帝書

瑞光禪院在吳縣西南舊普濟院宣政間朱勔建浮屠十三級靖康燹毀淳熙十三年寺僧重葺稍復舊觀

報恩寺在長洲縣西北即吳先主母吳夫人捨宅所建通從云從〻寺基也支硎山亦有報恩寺或云錢氏建移額於此寺有小院五曰文殊曰法華曰泗洲曰水陸曰普賢有塔十一級兵燼後有行者金大圓募衆復建僅能九級

所費計數十萬緡寺有卧佛北人多呼爲卧
佛寺舊又有不染塵觀音像高數丈今復塑
者徒存其名云
妙湛尼寺在提舉常平司之東寺舊有塔兵燼
後王岐公之孫女慈明大師者募衆重建
開元寺在吳縣西南即後唐同光錢氏所徙
也寺有晉時浮海來二石像及佛鉢兵燼後
二像猶存鉢亦爲一僧藏去得脱今寺中世
寶之相傳漁人以貯葷茹鉢遂破釁視其釁

處色采絢爛非玉非石不可名狀

梁簡文浮海石像銘

蓋聞軒后之圖載浮河洛秦王之壁更涌滄溟昭彈之洲乘清源而西泛蓬萊之岫逐安流而南徙況夫道由慈善應起靈覺是以無方之迹隨機示現無緣之力因物成感晉建興元年癸酉之歲吳郡婁縣界松江之下號曰滬瀆此處有居人以漁者爲業掛此詹綸無覬小鮮市斯九戢常待六鼇遥望海中若二人像朝視沉浮疑諸蜃氣夕復顯晦乍若潛火於是謂爲海神即與巫祝同往祈候七盤圓鼓先奏盛唐之歌百味椒漿屢上東皇之曲遂乃風波駭吐光景晦冥咸起渡河之悲竊有覆舟之懼相顧失色於斯而返又有奉詩黃老好尚神仙職在三洞身帶八景更謂丹款復與奉迎尊像沉軀沒而不見經歷旬日遐邇俱聞吳縣華里朱膺清信士也獨謂大覺大慈將宏

化迹乃沐浴清齋要請同志與東靈寺帛尼及朗伎數十人乘舟至滬瀆口頂禮歸依歌唄贊德于時微風送棹淢景浮波雲舒蓋而未移浪開花而不噴雖舟子招招弗能遠騖而靈相巍巍瀁翠乾涌仰覩神像巋然雲汎非因鷁首詎假龍橋豈藉銀連寧濵玉軸肯各有題一名維衛一名迦葉於是時衆踊躍得未曾有復櫂金僊之姿非凡所徙試舉提壽銘爾勝舟指燕宮而西歸望葑門而一息道俗側塞人祇協慶齊家住近通元寺迺孫櫂爲乳母陳氏之所立也亦一邦之勝地胥山之神塔乃遷像於此寺武夫數百咸不能勝共惟曰朱膺帛尼二人之力而能捧持不覺爲異令人工甚盛確乎不移此必精誠佛能致也乃復竭心同時稽顙然後迺動至自舟中故知據井夜飛實無以異石不能重有覺憑焉後有外國沙門釋法開來稱彼國衆聖所記云東方有二石像及阿育王塔若能

恭往禮覲，滅無量罪，免離三塗。禮已而去。中
大通四年，歲在壬子，隱沙汝靈侯奉敕更造
銅光二枚，其一高九尺，其一高八尺五寸。銅
適丹陽，耻論劉向之術；區選攻金，無侯藝康
之鍛。既鑄既鏤，是磨是銑，曄如光定，湛似日
輪。亦當遠照三千，普瞻邑像，遥覩十方，俱聞
說法。豈止惜命小鳥欣入影中，重罪衆生還
逢愛日而已哉！吳郡僧正慧法師，深修五定，
淨持七支，於三寶中盡力宏護，立摩尼之勝
殿，製飛行之寶塔，至於莊嚴妙色，實有厥勞。
昔魯聖云亡，尚追讚於有若；楚臣殞世，亦託
似於優旃。放勳之后，更圖長業之畫；文命之
君，不絕稽命之撰。或傳諸往牘，或布在前言，
或賁述盈耳，或壽宮靈匱。院邊追應，身近現
靈，迹不銘不顯，何以鐫鳴刀為銘。曰：巍巍天
像，堂堂寂睟，慈目獨圖，無生求諮，懸此魚鉤，
傷茲螺孕，乍動慈舟，時廷寶乘，留住待緣。獨
有傳應，傳應伊何？實盛靈像，浮水晨遊，瀁濤

夜上七衆有憑九垓每仰照此貢容開斯俗
綱千輪足起高宇肯書身猶五分衣刻三銖
嗟爾末俗心王所驅身浮水沫命役馳騖
宏希嚮必盡勤動觀指塵滅聞聲惑祛湛然
神跡長處金吳
開元寺佛鉢詩并序
按釋法顯傳云佛鉢本在毗舍離今在乾陀
衛竟若干百年當復至西月支國若干百年
至于闐國若干百年當至屈茨國若干百年
當復來漢地晉建興二年二聖像浮海而至
滬瀆僧尼輩取之以歸今存于開元寺後建
興八年漁者於滬瀆沙汭上獲之以爲臼漬
乃葷而用焉俄有佛像見于外漁者始以爲
異意滬瀆二聖之遺祥也乃以鉢供之迨今
尚存余遂觀而爲之詠因寄天隨子帝青石
作綠冰姿佛律云此鉢帝青石出西天王所献也曾得金人手
自持拋擲律樹邊齋罷後提羅漢下洗來時亂
麋味斷中天覺麥麪香消大劫知從此共君
親頂戴斜風應不等閑吹陸龜蒙空王初受

遥神力四鉢須臾現一重（至今鉢緣有四重也）持次隱添香積飯覆時應帶步羅鍾光寒好照金毛鹿響靜堪降白耳龍從此實函香裏見不須西去語囂峯

常懷物遊開元寺

夏衣始輕體遊步愛僧居果園新雨後香臺照日初綠陰生晝靜（寂一作）孤花表春餘符竹方爲累形跡一來蹤

李紳開元寺

此寺多太湖石有峯巒奇狀者項年多遊寓於此及大和七年往來皆不復到寺中石太半亦無也詩云十層花宇真毫相數仞峯巒閟月華攢立寶山中色界散周香海小輪圍坐闊咫尺窺巖壑窻外高低所翠微難係齋形終不轉莫令偷彿六銖衣

皮日休早景即事寺

客省蕭條柿葉紅樓臺如畫倚霜空銅池數滴桂上雨金鐸一聲松抄風鶴靜時來珠像側鴿驕多在寶幡中如何塵外虛爲契不得支公此會同

陸龜蒙

日上界不異疊影紅一聲清梵萬緣空齋從滿地貝多雪斜明入塔下圖畫求數初抽參

沉思竹窗舊擲夢意中□□□□壺禪家接誰

共般源小品同□□□□□□□□下白二韻百家

蒲職皮規道義以林鮮□求學文□□□□□□精雨嚶嚶爭

皮日休開元寺□□□□開聲駭鹿群

穿石上雲□□□□□□□生還似大牙

分折煙□露如相遺何□□朝不茹葷詩

龜蒙春龍爭地養□□泥是雙林雨後齒遊

出似豪當埋塊孤生如偃倚攢竿凌虛勢欲

齊金剎□□贈光宜照□盤更待錦包零落後

粉環高下揭煙寒

皮日休□□龜蒙避暑□句

煩暑雖難避僧家自有期泉甘於馬乳苔滑

似龍鱗□□任誕襟全散臨幽榻旋移松行將

雅拜篁□□欲交庵龜蒙望塔青□識登攢白鷗

知石經□□欲動珠像儼將怡筒章臨杉穗絨

巾透雨絲□靜譚淨□少涼步鶴隨遊御煙重

迴蕉亭風輕拂桂帙對碑見地說閑卷梵天

詞積水魚梁壞殘花病枕欹懷君瀟灑處孤

夢繞巢愚龜蒙

薛能題寺閣

一閣見一郡亂流

仍亂山未能終日住尤愛晉時閒唱棹吳門
去啼秋柱宇還高僧不可羨西景撞禪關

子通和公闕留題南窗元韻二首　晝錦新坊路
稍西輿來携客就僧扉樽前倒玉清無比峯
下鏗金妙欲飛篇聲直須乘月去携歌時聽
採菱歸流傳白雪吳城萬頃覺炎歊一夕微
○仙老論文小往還多才令尹獨能攀携觴
步入千花界借榻清臨一水間笑語不驚沙
鳥去襟懷猶過野僧閑誰中此
地無人愛坐對西南見好山

大慈寺在長洲縣北皮陸集云晉戴顒宅也至

唐司勳陸郎中居之後以為寺號北禪院**日休**

陸龜蒙襲美題白　歎燕何處飛來入戴顒
宅逍遙脫單絞放曠拋輕策巾蹔林下風偃
仰澗中石與殘蟬煙外響野鶴沙中跡到此
失煩襟蕭然揖禪伯森懸疊霜蛻挂倚支雲

錫鑱清陰豎毛髮無氣舒筋脉逐此隨竹書
選勝鋪茲席亘𦙶上紫芙蓉化綠青壁休日心
是王蓮經耳爲金像徵吾宗昔高尚志在羲
皇易豈獨斷章擒戮將到鐵檣魏天書既屢
降野抱難自論一入承明盧盱衡論今昔流
光不容十斷道廷杠尺如既起謝儒縱公亦
翩商羽翼封章慘愴遍寧寢江湖日羅落函
谷塵高歌華陽憤鐵詔去雲無信歸來鶴相
識半病奪牛公全蒲捕魚客少微光一點落
此芒硃索知釋子閉池塘門人廢幽頓堪悲
東序寶忽變西方籍不見步兵詩空懷康樂
岌鑿高名下可効勝境徒堪惜墨詔轉跡無
縱公齋論閒寂遲遲不能去涼颸蕭杉栢知
日下洲島清煙生苾蒭碧俱懷出塵想共有
吟詩癖終與淨名遊遨來雪山覓雞蘇雞蒙
同皮日休遊北禪 連延花蔓映風廊岸幘披
襟到竹房居士秖今開梵處先生曾是草縱
縱堂清樽林下晉香與遠公龕窗中挂鉢囊今

日有情消未得欲將名理問思光皮日休感
歷移陰入草堂老僧雖見似相忘吟多幾轉
蓮花漏坐久重焚栢子香魚慣齋時分淨食
鴿能閑處傍禪床雪林蒲眼空羇滯欲對彌
天却自傷陸龜蒙寒夜同皮日休訪寂上人
月樓風殿靜沉沉披拂霜華訪道林鳥在寒
枝棲影動人依古堞坐禪深明時尚阻青雲
步半夜猶追白石吟自是海邊鷗伴侶不勞
金偈更降心皮日休階寒青靄正沉沉霜棧
乾鳴入古林數葉貝書松火暗一聲金磬檜
煙深陶潛見社無妨醉殷浩讀經不廢
吟何事欲攀塵外契除君皆有利名心

報恩光孝禪寺在長洲縣東南即舊天寧萬壽
禪院也徽宗時以爲祝壽道場後即以爲
薦嚴之地政今額曾守奕寄堅覺初二僧
名曾傍舊書卷來宿古禪林

方外求知性寺中覓賣音爐開山夜靜門掩雪天陰氣上一寒硯聲前三苦吟韻強顏汗落句坊鬢絲侵玉就運重琢河窮更遠尋究爭探乳虎沙獨擅泉金字穩天星轉篇終海月沉唱酬同紀錄得失嗜規箴木鐸不徇路薰風難知琴半空雜引手中遵比分襟分野三吳閱年華二紀派師方傳祖印我欲謝朝簪嶺外煙嵐地溯邊雲水心情悰張翰鱠蓴想陸機會松下蓴苔石何年重訪臨

覺報寺在府東南舊名老壽庵王吱公家香火院也靖康狄難此寺賊酋所寓故得不焚吳下古名屋惟此寺耳

壽寧萬歲院在長洲縣東南舊羅漢院也寺有

二塔對峙俗名雙塔寺紹興中提舉徐鎮給常平田四十兩浙西路常平茶鹽使者治平江自行殿駐臨安視皆畿內若節誕彌奉觴稱壽兩宮之庭特爲盛典先期環月率其屬即府城東隅雙塔寺寧萬歲禪院建祝聖道場備極嚴奉是院肇唐咸通逮本朝雍熙創造雙塔至道初賜以御書遂更今額乾道中始革律爲規模比舊增新四衆歸仰雲水坌集爲一大叢林建院之民王氏捨負郭之田五百八十餘畝撞鍾擊鼓食者日倍師常經營而瞿弗贍紹熙二年前太常丞徐公以新安高第就昇使者節　兩朝所知能意乎建碁年于此利興害除會崑山屬邑宗王有田七千餘畝沒入于官一時貴近相先規取請許旁午公曉以令甲皆不應得命有司召佃如式而長老德溥因以千畝爲請公議有司給之抑權放勢平訟息爭不惟法道留人無加喙而院之

衆藉是庶幾資冥福之禱祠之地報上恩深
夫一用至公兩三歲具非公其孰能之德溥
屬頤正記本末以畀予書公永嘉人徐誼字
子宜學有師承德業宏遠國將推之朝廷
見之天下與來世此蓋未足云
三年上元日具位龔頤正記

定慧寺在萬歲院之西本子院也祥符中改賜
今額

寶積教院在黃土塔橋之東舊靈巖山廨院也

永福尼院在長洲縣南

妙嚴尼院在長洲縣西北

傳法尼寺在長洲縣西舊禪興寺也

寧國禪尼院在天慶觀西南
靈鷲寺在長洲縣北舊永光院
大中祥符尼寺在長洲縣西北舊福田寺
仁王尼院在長洲縣東南舊安吳院
資壽尼院在長洲縣東南
天宮禪院在長洲縣東北舊武平院
寶光院在長洲縣東北婁門
雍熙寺在吳縣北舊法水寺有方塔毁於兵燼
至今未能復

景德寺在黄牛坊橋東寺有廢塔未復

西竺尼院在跨街樓後舊保壽院

乾元寺唐有之今不知所在據顧況記云晋戴逵宅皮陸集又以北禪寺爲戴宅則此即今北禪寺矣

顧況撰建乾元寺記

五蘊十二入八界此上三科能包萬法因緣生爲有無自性爲空空有融一即中道義雖石舟渡海蚊背負山不爲希有事僧法珣與和合衆法藏等造乾元寺者晋高士戴逵子顒之宅也乾元初節度使鄭昊之奏云觀察使李涵李道昌皆有力大臣求無上道以心無所願無邊受者實與雖空不敗有爲有滅無爲有爲之體有爲無爲爲之用無生無滅無相無爲無名無法說無言語法以無言語說故

有相大乘有觀法門無相大乘無觀法門法有所得有相大乘義於法無所得無相大乘義所得無所得二俱眞一乘之義其爲妙因果譬如種子依地而生又如大地能荷群有虛空之體大於大地天地有盡虛空無盡如來之體大於虛空光明虛覺圓[illegible]萬億故於無住本建乎諸法不動眞際[illegible]恆沙煩惱莫不斷除魚吞鈎虎落穽蛾拂火此衆生自取其毒道本平坦備本濟涼佛在提摩竭揭國成等正覺諸身子栖于茂林犢成祥草殿後因尊說教猶著弊衣行次乞食及往忉稱當摩耶夫人優填王鑄金刻木始用磨漆泥布佛有像自此始也與[illegible]時功德無異於是給孤長者造祇洹精舍末田底迦造龍宮精舍竺乾法蘭造洛陽白馬寺佛圖澄造鄴中九百七十三寺釋道安造襄陽一十五寺遠法師造廬山東林西林寺度法師造攝山栖霞寺杯渡法師造[illegible]靈隱靜寺傅大士造

東陽雙林寺思大師造衡陽南嶽寺智者大師造天台國清玉泉寺三十五寺畧也涅槃無前無後般若無新無舊法珣上人重舊德不輕新學門人濟玦謂況於經藏中抄佛心説永示無窮文曰倬哉迷盧宏亘大千百億日月藕絲貫穿蟻背負之飛登梵天塵勞爲海般若爲舡藏生死流是曰希有大哉乾元寶則不折和衆雲臻珣爲稱首佛告善來賓所崇我法雨洒溪慈雲徘徊

南禪寺唐有之今不知所在

白居易南禪寺千佛堂轉輪經藏石記

千佛堂轉輪經藏者先是郡太守居易發心罰沙門清閑矢謀與僧常敬弘正神益等傳功檀主鄧子成等施財院僧法弘等蔵事大和二年秋作開成元年春成堂之費計緡萬藏與經之費計緡三千六百堂之中上蓋下藏蓋之間輪九層佛千龕彩繪金碧以爲

飾環蓋懸鏡六十有二藏八面面二門門麼
銅鍇以爲固環藏數座八十有四藏之内轉
以輪上以祀經函二百五十有六經卷五千
五十有八藏成經具之明年蘇之緇白徒聚
謀曰今功德如是誰其尸之宜請有福智僧
越之妙喜寺長老元遂禪師爲之主宜請初
發心人前本郡守白少傅爲之記僉曰然遂
訖來教人行如流僧至如歸供施達嚫隨日而
集堂有羨食給無飢僧游者學者得以安給
惠利院遠不可悉量難又日與苾蒭衆升堂
焚香合[illegible]指[illegible]後啓藏發函鳴揵椎
唱伽陁[illegible]持[illegible]一十二部經經聲洋洋充蒲
虚空[illegible]音所及無不蒙
福[illegible]所[illegible]一變至道
所[illegible]言是堂是藏是
經[illegible]法輪也示
火[illegible]道夙夫生之大
實[illegible]僧徒三諦都

請予爲記[illegible]月逕作爲示在
乎游與廢[illegible]迦來有言一切
佛及一切[illegible]法依於經經依
於藏藏依[illegible]發藏發則經墜
經墜則法[illegible]之道幾乎息矣嗚
呼虎我圓上[illegible]首暨摩摩帝輩得
不處泰而讀含之予[illegible]持而增修之乎
經有關必補藏有隙必葺堂有壞必支若然
者直佛弟子得[illegible]無量[illegible]是者非佛弟
子得罪如律[illegible]四年二月[illegible]一日記

吳郡志卷第三十一

吳郡志卷第三十二

吳郡范　成大　撰

郭外寺

雲巖寺即虎丘山寺晉司徒王珣及弟司空王珉之別業也咸和二年捨以爲寺即劍池而分東西今合爲一寺之勝聞天下四方遊客過吳者未有不訪焉舊錄見虎丘山門**王賓記**夫元黃判質肇自[illegible]太[illegible]位式分於方域凡鍾靈秀之[illegible]之壤豐誌具載言不可已姑蘇乃[illegible]民䖍名封川塗當閩越之衝分[illegible]晉田多稼歲詘以

之流行雲[illegible]俯重湖之
縹緲煙景[illegible]之紆[illegible]全剎相望虎
丘山者按吳[illegible]名海涌山去吳縣西
九里二百步[illegible]尺周二百一十丈
越絕書曰吳[illegible]吳縣閶門外名曰
虎丘下池[illegible]十丈五尺銅槨三
重湏池六尺[illegible]諸之劍魚腸三千
在焉發卒[illegible]之葬之三日白虎居
其上故有[illegible]說云秦皇帝因遊海右
自滬瀆經此山乃[illegible]發墳取寶忽有白虎出
而拒之始皇挺劍[illegible]虎虎奔而隱因改為虎
丘焉故上有劍池或曰秦皇試劍池亦謂之
磨劍池今則長十有三丈闊餘三尋其深則
莫可測矣古詩云劍池無底浸雲根又云沉
沉劍池水直上連滄溟後以唐祖廟諱更為
武丘云其山又有響師虎泉陸羽茶井真娘
墓生公臺石壁現其鬼詩林逕回其仙馭詭
異之迹莫可悉述雲巖寺即晉王氏伯仲珣

珉捨別業以創焉始於一山中分兩寺故老魯公詩云不到東西寺于今五十春今則合而爲一先是至道中嶽牧貳卿魏公庠改爲禪刹延清順尊者演法主之彼美招提實爲絕境粉垣回繚外莫覩其崇巒松門鬱深中過藏於嘉致故前賢詩云老僧祇怕小移去日暮先教鎖寺門又云宿雲侵曉去不待寺門開若乃層軒翼飛上出雲霓華殿山屹旁巚星日景物清輝察宇岑寂千年之鶴多集四照之花競拼垂組彩纓之彥靡不登臨達心了義之人終焉宴息允所謂浙右之壯觀天下之靈跡者矣慎有吉高僧之行樂諸名公之詠題編錄寖存羌難備敘禪師用慈道行明絜智懷淵窮自招攜宗唱究奉神君屢飛翰於雲鸞衍鏤文於金石愧先聖之嘆輒成章於狂斐數頭陀之碑聊寓言於髣髴云爾時天聖二年歲次甲子六月二十八日翰林侍讀學士中散大夫守尚書禮部侍郎同

知通進銀臺司門下封駁事護軍瑯琊郡開
國侯食邑一千九百户食實封二百户賜紫
金魚袋王曙奉清臣侍書閤撰　眞宗文
明武定章聖元孝皇帝光宅天下二十有五
年武威夷裔文緝覆載禮脩樂修刑平政一
天地並況震于珍物乃東登泰山降禪社首
西奠汾脽南遊芒縣典章人物輝灼方夏飛
昇騰實倬越古今天縱將聖典學時敏百斤
中程七行俱下詳延英俊寖尋經藝披編日
仄點翰宵分帝庸賡歌道詣荃宰聖有謨訓
義光簡册休于萬覽留神小學三元秉煥八
象流景丞相臣謂臣拯相與文雅侍從之臣
發瑤笈披瓊蘊編第為集凡三百卷請從刋
摹以傳永久制曰可　景祐體天法道欽文
聰武聖神孝德　皇帝纘慶基揆神統孝善繼
志功能昭前思　先皇帝馨德茂烈巍巍郁
郁聖言春藻雲章日麗緋書之黃素緗以文
錦檢于玉匣藏在石室則何以比隆六籍昭

厥萬积於是司空上輿地之志職方辨九山
之物分道遣使咸錫貝副則吳郡之虎丘存
焉茲山據姑蘇之右地負乾陽之勝勢叢生
萬石崛起平阜諸峰坦乎千人劍泉劈其百
尺松篁總翠煙嵐異色宜有神物吞于寶坊
前此守土臣寔[illegible]良初基尊奉即山而宇寒
暑再離風雨無賴[illegible]四年冬十月知軍事
臣堂始大前[illegible]故以[illegible]奏取郡民絕籍
而財入縣官者錢一百[illegible]以售工材移
通判軍州事臣[illegible]程工董役肇
日短昂訖十[illegible]無慮費竹
木章今八百[illegible]二十二萬不出帑
一金不[illegible]屋彌望凡
爲市椽[illegible]構密礎材
理堅緻[illegible]四迴陽景
不曜飛[illegible]香而負曩
縣舊含[illegible]以[illegible]以龜龍
之負載[illegible]咏熙宸翰

九軸帝書[illegible]年所元朝
寶跗入石[illegible]集爲賜
今皇帝飛[illegible]祖武嗣有
恩頒至是[illegible]統昭明
游藝若五辰[illegible]三[illegible]禹律昌
作武述何以述[illegible]直[illegible]通敦行已從
政忠而[illegible]不以[illegible]宗[illegible]方嚴肅給裕
民急吏勸以游[illegible]續斯書斯閣斯人
之賴臣清臣嘗爲史官[illegible]天子言動持使
者符節得按察郡路觀星文臨下之赫與守
臣嚴上一恭敢書姑事銘于樂石詞曰天有
文華日星地有文秀崑滇聖有文垂典經粵
宋二宗克邁德隆天律有獻我皇定保繩
武祖考筆墨精妙大火繼明三后重英儀
鄰宣精香鐵寶帙金匱石室四方馳駉吳治
長洲上當斗牛其鎮武丘茂林脩竹龍蟠虎
伏其地惟福直有眞文乃聖乃神撫臨其人
守臣推忠結宇冉重奐山比崇猗金簡有字

鄭于婁羽惟道家生試訂謝逢諸曹群仙之
山上待霞庭天爲太宗昇則文化流世無
極山斯朽石斯泐飛閣巡青時萬時億景祚
五年十月七日兩浙諸州水陸計度轉運副
使提點市舶司本路勸農使及管勾茶鹽礬
稅朝奉郎守太常丞直史館騎都尉賜紫金
魚袋臣葉清臣撰[illegible]承[illegible][illegible]藏記吳郡山水
秀麗虎丘號勝處[illegible][illegible][illegible]開[illegible]凡地氣騰出
秦皇使人求劍[illegible]處[illegible]其上因以名焉晉王珣
與弟珉宅石[illegible]之[illegible]西[illegible]而捨興佛剎本
朝至道中尊[illegible]八年余謫居零陵
住持宗達[illegible]紹隆同嗣法于
圓悟禪師[illegible]立[illegible]論大藏效
彌勒示[illegible]其上規摹甚
偉僧法[illegible]邦人李方高次
弟輪[illegible]義不敢以勝事
雜葉爲[illegible]再閱寒暑工
續[illegible]函貝葉[illegible]爛

焜燿信[illegible]猶所有獨力莊嚴於畏[illegible]以請記且當天下無章時[illegible]病矧兵革迭興軍儲或[illegible]安然我嘗思之夷狄之[illegible]愛因愛生貪因貪生忿[illegible]明長轉交攻激爲鬭亂怨[illegible]以清淨立教使人回心[illegible]正和氣自生其於教化似非小補是[illegible]請而無愧余聞佛爲一大事因緣故出現於世種種譬喻發明空理丁寧反復務息塵勞現大光明繚繞照耀妙用神通不可思議古人指摘之意蓋病夫不知虛靜惟已區區致於以依之也又病夫落髮披緇之徒易浸以溢流宕南畝其教可輕疵哉將見斯藏之成覩相增信心信趨善宿習退轉眞證圓通孝悌和睦之心油然而起宜勤守護用永其傳藏始建於紹興丁巳春正月至冬十一月告成復授資政殿大學士

左宣奉大夫福建路安撫
使兼知福州張浚爲之記

顯親崇報禪院在靈巖山頂舊名秀峯寺吳館娃宮也梁天監中始置寺有智積菩薩舊跡土人奉事甚謹今爲韓蘄王功德寺改今名餘見靈巖山門太平興國二年平江軍節度使孫承祐建靈巖寺塔記吳靈巖山即古吳王夫差之別苑也太湖渺白浩其側虎丘蒸翠映其後自餘崗阜川瀆沃野上田環遶帶縈若[illegible]事代遷人異偉爲佛祠爲守藩之上[illegible]兩千歲冬先國妃居共氣之親[illegible]入同[illegible]聊可諭其衷素至尚右[illegible]長顯營鴈塔眞助翟衣于山之[illegible]其叢所以遠竊崩之患[illegible]之虞不揮郢

匠之斤止還[illegible][illegible][illegible][illegible][illegible]手[illegible]始造爾負戒
允九旬有六日[illegible]以古佛舍利二顆親書金
剛般若一編寫[illegible][illegible][illegible]藏者峻級美[illegible]上聳
地以千洲塔長[illegible]而九層巍巍下瞰於婆娑
杳杳乎觀於寥[illegible][illegible][illegible]湧出或類飛來如日
之升無遠弗届而以[illegible][illegible]擎天蓋可以久鎮地
輿實在報先妃之恩爲先妃之福也覺雲承
足定水澄心拂[illegible]仙衣淌焉游轉無垢佛土
終正菩提抽毫直書用備陵谷**靈巖智積菩**
薩像記梁天監中以吳王館娃宮故地爲靈
巖寺寺成有異僧負鉢囊以入憩殿廡下長
身黧面梵相奇古其徒莫之省也夜半索筆
墨自圖其像于殿之東北壁而去黎明不知
所在衆始驚異之居無幾有胡僧顧見其畫
惜曰此西土智積菩薩像也何爲在此於是
道俗奔走來觀稽首歸依如師出世唐宰相
陸象先吳人也有弟失其名得危疾國醫不
能療一日有僧叩門問疾象先引至卧內僧

索林水噀之一噀而病良已象先驚謝出金
帛數床弗受傾一誦其弟曰我靈巖僧它日還
吳來過我遂去不復見其年象先弟入尚書
爲郎觀察推官道吳中趨靈巖如約問僧所
舍無有遍從寺僧求之亦非是方悵然欲還
俄見壁間所畫像肖焉如言如笑如見師友
驚喜亟拜施錢五十萬修供作佛事徘徊數
日而後去其事載於吳越國沙門智賢之文
傳於山中父老之口見公大哀經菩薩品云
准靈巖故刹更隋唐五代四百餘年至宋
興始以賜秀峯禪院紹興詔賜今太傅咸
安王韓公薦院福更號顯親崇報而叢林之
盛爲東南冠積久頹毀衣院之東廡庫迫
破霤不容以靜四方游衲負來華之意長老智
訥飭其徒募衆力大之閣畫巨構雄視一方
像設中嚴雲披月滿盧舍嚴相好之妙人天
環遶梵唄之聲震動山谷於是訥過余於晉
陵求文以爲記余曰象生執迷展轉六趣出

没生死莫覺莫悟識菩薩哀憫一切或示現神通或化出光光照只龍負殿山鬼築垣車錫而石泉涌霆雷而雨花墜允所見聞同悼齊喜讚禮歸命傾心滿過歷難五濁如婦難出湯飲慕至道如之子見母如聾發矇如迷得路發嗟撲心修經七曾經財無施造種種福百世之後陵谷變遷蛻骨所藏傳衣所寓在在處處照耀大千一睹遺像心目了了恍如宿昔曾受佛記今雙林大士泗州僧迦靈巖智積皆是也誦公出世三十年說法行道化服同異凡所建立人歎成之隆樓殿閣穹堂貴宇幾備淮吳豈止智積一殿而已舒州天

宿靈巖上院

高高白月上青林客去僧歸獨夜深葷血屏除惟對酒歌鍾放散只留琴更無俗物當人眼但有泉聲洗我心最愛曉亭東望好太湖烟水綠沉沉○娃宮屧廊尋已傾硯池香逕又欲平二三月時但草綠幾百年來空月明使君雖老頗多思携觴領妓處

處行今愁古恨入絲竹一曲涼州無限情直
自當時到今日中間歌吹更無聲章憲始
入松路永獨忻山寺幽不知臨絕檻乃見西
江流吳岫分煙景楚甸散林丘方悟關塞眇
重軫故園愁[illegible]纏戎歸騎憩澗惜良遊地錬
泉谷狹春深章亦稱茲焉嘗不極清景[illegible]作
期杪秋靈巖明月滿頭寺蟲聲滿瀛洲倚欄
香逕晚移石[illegible]初秋尚老雲歸盡臺荒水更
流無人見[illegible][illegible][illegible]之最高樓[illegible]古來興
廢一愁人白[illegible][illegible][illegible]掩寺門越相煙波空去
寫吳王宮闕半[illegible][illegible]看飛似舊花猶笑往事
多遺石不言唯有延陵逃遁去清名高節老
乾坤靈巖[illegible][illegible][illegible][illegible][illegible]天[illegible]斗覺清一聞山
鳥語聲起野[illegible][illegible][illegible][illegible]霜氣跡泉曳玉聲
簡書催[illegible][illegible][illegible][illegible][illegible][illegible]○夕鍾初斷海鯨
音長[illegible][illegible][illegible][illegible][illegible][illegible]草浸床消客夢水簾
澄月一[illegible][illegible][illegible][illegible][illegible][illegible]清涼[illegible]珍樹交柯翠
翳深一[illegible][illegible][illegible][illegible][illegible]草堂虛論破煩襟李

復[illegible]宮殿閣鱗差
軼碧嶂寂寂[illegible]松栢韻天風
劉[illegible]曉乘[illegible]上盤輿却倦行
盡日[illegible]作亂泉聲劉[illegible]攝
身下[illegible]無簡書畏心賞奇
泉石亭亭[illegible]閒自昔梯空上青冥
如鳥著兩[illegible]天半寶㲉坦如席環山
劃中[illegible]東西峯觀闕倚空
碧千尋採[illegible]直當年館娃宮六
月避暑夕[illegible]延[illegible]風鳴文良阿錫生耳爭
來盟鳥緣已若[illegible]白家甬東村託足歸無宅
焉知陵谷變大[illegible]響十[illegible]茲風塵際樓殿
琊山脊安隱六六巾顯允像救力與弓浩劫
嘆萬法本空寂[illegible]觀閣前老樂堂務白至
賦詩云老人昔記觀河處白髮蒼顏只如故
湛然不與生滅期始信真心有常住公今忘
物兼忘我坎止流行無不可來下了無三宿
戀壁間一坐九年過振履忽逐秋鴻往浮盃

又逆春瀾上一片孤雲自在飛不落人中去
來想○後七年過靈巖再賦二詩猊坐諸天
繞龍龕百鬼訾捫蘿穿窈窕拄策上崢嶸雨
送秋聲入風迎夜氣生胖肛一鼉吼撇烈兩
鳧鷖獨詣超神界真游夢化城微吟更有味
琢雪闘僧清○老衲僧中龍得度佛三界誅
茆製不借剖竹作如意蹤斷心訊空王禮足
依梵帝住住無三宿因緣有五至百年杞國
憂四大徑師戲應作
如是觀浮雲本無著

天峯院在吳縣西二十五里南峯山亦名支硎
山即東臺高僧支遁別庵也　皇朝祥符五
年刺史秦羲奏賜今名元豐六年龍[illegible]閣或[illegible]吳郡朱長文書閣
廬城西二十[illegible]山之[illegible]有禪院祥符詔書
賜名天峯[illegible]恩山南峯院者

是也記言[illegible][illegible][illegible][illegible][illegible]因石室林泉置報恩院唐之大中[illegible][illegible][illegible][illegible]禪院晉之天福改南峯額二十[illegible][illegible][illegible][illegible][illegible][illegible][illegible]山之朝陽歲時展省屢過天峯[illegible][illegible][illegible][illegible][illegible]刻求其地之所在以參驗之[illegible][illegible][illegible][illegible][illegible][illegible]遂支硎山寺皮日休陸龜蒙[illegible][illegible][illegible][illegible][illegible][illegible]題支山南峯皆爲賦詩寶曆以[illegible][illegible][illegible][illegible][illegible]居易劉禹錫亦有報恩寺詩[illegible]長[illegible][illegible][illegible]中嘗爲監察御史日休龜蒙[illegible][illegible][illegible][illegible][illegible][illegible][illegible][illegible]又言南峯院額故相國裴休所書也休乃大中宰相於是一時而報恩[illegible]山南峯三名並存則知記所載大中天福更名者說小今山下楞伽院有石刻言院即報恩遺址原田中有報恩惠敏律師塔碑言建塔于寺之西南隅當八隅泉池之上中峯蘭若之下碑望楞伽正在東北而記所謂石室者亦在楞伽人猶謂之支遁庵自庵前西向登山可數百步林中一徑入中峯院自徑而前行其登彌高又數百步乃至

天峯北僧院其依一山而道周有石盤滂平廣泉流其上清泚可愛居易詩云淨石堪敷坐清泉可濯巾其謂是也昔莊周言庖丁之刀十九年若新發於硎陸德明釋硎磨石也余謂此石其平如砥支硎之名宜取諸此而石文又有如蹄涔者人謂之馬跡石故鼎錫詩云石文留馬跡峯勢聳牛頭日休龜蒙與襲嵩起南池聯句亦曰舉出千頭聳苔深馬跡訛又曰支硎碑亦號牛頭峯今在天峯之南此其可考者爲識詩云又有泉眼潛通海之語與夫松陵詩流言承閤南北惠歛碑所言八隅泉池皆已湮沒失其故處而裴公書額亦不復見矣若山下石室山半石門天峯之傍有待月嶺嶺下有碧琳泉又有放鶴亭其址猶在而劉白皮陸之所賦詠皆不及之此又不可考者若晉遁少既謝會稽安石猶卧東山遁乃與之從遊自放虛寂之境而有登臨之適故時人以爲高逸遁之所遊多矣

維吳之報恩遁之[illegible]洲最著沃洲有養馬坡
放鶴峯故此山亦有[illegible][illegible]石放鶴亭傳言遁
常畜馬縱鶴其論皆有理[illegible]非碧物於浮屠
法者也遁之沒已千百餘年而事之傳於名
迹者猶不泯其爲世所慕如此近歲僧德興
者始傳禪法於天峯[illegible]住持者十來人矣德
興之始來茅屋土階僅禦風雨後有文啓慧
汀贊元維廣者大增葺之基址架木上瓦下
甓堂殿庖庫廊廡寮閣門庭池衙次第完緊
東有浴室西有憩庵佛號經藏無不嚴具以
其治之非一人積之非一日而能終始如一
故賴以成就其財賛則取之州人非一家也
予常以職事獲閱書於太史氏因見景德中
年有建言者曰民佞佛費財宜加禁止上曰
佛教本於修心至於禪學爲益滋大於是言
者不行蓋先王以道治天下使人心化而不
自知故其盛時憤獨而無思犯禮者非必士
民也釋氏心法之妙殆不失先王道化之意

乃知前聖後聖其揆一也豈虛言哉貴公
老夙受法於明因禪師又深通觀肇論之
旨心地乃上無所底滯予之道友也一日謂
予曰天峯自德興新之且及百年願有所記
予謂沃洲居易爲之記矣而敍恩寂寥未有
紀者盍爲考論本末書以畀之咸淳七年記

劉超覺空記　佛子棄親出家本欲擺脫名利
自非上根法器了達根源未有不爲名利所
溺雖大善知識亦不免於名而利附焉故
以欲開張鋪席以求出世至於終老而不返
一曰欲以利益衆生一曰欲以開道群迷此
特自爲之辭爾焉有能利益衆生開導群迷
而不知所以自求安隱以遵其形郎余道友
才公則不然雖晉書高尚首座住天峯禪院
纔得旬歲即興退休之念會余官南歸亦
思與之相近因出[illegible][illegible]爲營小居能仁精舍
乃名其所居之堂曰[illegible]隱蓋佛以清淨爲本
虛無澹泊爲宗而與世出教禪律[illegible]行尊說

法相是真是實[illegible]之律說有非有說無非無當體不離當處當位即名爲禪自達磨傳此心印面壁九年不立文字不假聲聞而第一義諦復發流通遂闡沙界自爾以來燈燈相傳照燿大千春[illegible]會蒙護菩提果超出世間與佛同體得斯道者才公有焉昔紹聖末余掾澧陽謁長老自齡於夾山時會下禪人無慮一百輩而[illegible]談公不容口辭此始識公於此山之庵下形骨清癯標韻高古無異於孤雲獨鶴然猶稍擯之話言莫非善巧柔輭議論風起至於亹亹之處如泉竇始開悉自胷中流出所謂深得辨才三昧者見知既已如此之超然矣而又能於茲時出超然拔俗之見以求隱處而退休焉其度越稠人廣衆卓絕數等矣以是而名茲堂非虛言也堂兩楹五架糲宇絜不侈不陋眞道人所居余不記其上木之工而粗記公超然隱居之意如此

葉夢得遊南峯寺詩序

遊南峯寺獨登待

月嶺而還長老才上人云欲作亭嶺上以待予再至因以詩贈云澤國鍾下流有山獨西南標奇借明眼鳳青多窮探腹背眩金碧鍾魚半精藍支郎放鶴地妙解無餘談高卞氣未炎綠陰正青酣我懶倦登陟茲行吒獨堪幽尋雖云初佳興黯已諳久欲謝塵滓往同癯勤龕平生行九九曉識前三三十世實可人窮年玩煙嵐胸中有定水萬境潛包含巖稍歸賴紫莼孫餘梗粳數蕪要自佳食蒸亦云甘坐斷方丈室天花雨毿毿笑我窘世網何殊老眠蠶我今已歸鑄真理客自耽但恐愛山意多求尚成貪願借待月嶺重開石頭庵便欲久傲兀碧林談澄涵言壽覺城路更欲稽緣參

觀音禪院臣服恩山亦曰支硎山寺即古報恩寺基也　樂天　好景清凉地都無繫縛身晚晴宜野寺秋景屬閑人淨石堪敷坐寒

泉可濯巾自離郡[illegible]郡庭塵咸平錢
傳燈錄天下之名郡言姑蘇古長之名僧言
支遁以名郡之地有名僧之蹤復長而盡緯
爲勝勝至于寺法而滅眞風則記之以文信
無憫吳蘇州見亭寺究即東晉支公道林所
建攴寺也尹亭[illegible]合予之處其山
[illegible]之[illegible]馬疏又[illegible]為居[illegible]龍中詔
更名報恩及嘗陵太廷海內精宇人[illegible]號國
茲寺在北例備文藝目佛日再中蒲檀之林
枯莫界秀時大保日盡公簡求方牧是邦典
作清贊相者乃勸捨俸錢復新締架大中五
年請僧洪愿主之愿卽豫章希運禪師之法
嗣也自咸通[illegible]宋咸至下乾德甲子歲凡百
餘年陵谷迭遷香華中輟其年二月有來嘉
禪學沙門文諫嘗駐錫姑蘇永光蘭若頗以
佛事結諸衆緣尋請天台大寂韶公禪師之
法席願齒入室之列大寂示之曰汝雖越人
非越也可居其當化人以吳爲地耳於是遂如

大寂之教復來茂苑會僧正安公以報恩舊
地辟而住持是爲今觀音禪院矣復有本郡
都知兵馬使迺承遇及司理判官張仁某等
同經度之護石銘於殿基承遇已下名氏皆
如銘之所記蓋宿緣符契也未幾謙師徙居
上方所度弟子三十餘人今之恩公上人蓋
白眉也亦禮大寂得其宗旨混而闡法席于
先師之精廬昭善繼也恩公苦行有聞縱公之
誠尤峻適居放鶴之地雅契安禪之懷且歲
師嘗入 京師時愚方預常參一得相面今
師泓前會之邂逅溯本寺之夤緣欲愚爲文
以紀其事愚以向之所言信無愧者迺紀而
銘之云時 大宋咸平六年六月忠果確勇
功臣金州管内觀察使判和州軍州事光禄
大夫檢校太傅兼御史大夫上柱國彭城郡
開國公食邑六千户實食封一千一百户錢
儼撰

吳郡志卷第三十二

吳郡志卷第三十三

吳郡范成大撰

郭外寺

堯峯院在吳縣橫山即唐免水院也院有十景謂清輝軒碧玉沼多境巖寶雲井白龍洞觀音巖偃蓋松妙高峯東齋西隱蔣堂新井詩并序云堯峯顥暹禪師有道行嘗常遊吳門一日且曰山中鑿石造井踰歲僅成既冽而甘大為叢林之利願得紀述以次其傳因作歌云白雲莽莽青山頭一穴四面飛泉流其初山間舊井涸枯腸燥吻海東澄於時大士寶雲者願捐土脉智慮周山靈所感道心來檀施聿來工

力鳩雲鋪齊下遠雷動石火内擊飛星碉百
尺虛空廓地表盎井求未出土一天瞻有尺盡空一見内書一泓清
列呀深幽人疑從天墮月盌或問何處移龍
湫次則其徒鬭殊勝競持應器嘗甘柔飢犺
連臂喜跳擲渴烏引喙鳴鈎輈碧甃光中轆
轤曉銀牀側畔梧桐秋寶方金地互相映■
谷鮒坎蛙難此留傍睨江形小衣帶下窺湖
面畢浮漚何茲鑿飲有功利一掬入口醍醐
優熱者濯之昏鈍決病者沃之沈痾瘳而我
時邀墨客去松澗遠挈都籃游淨瓶汲引試
香蘚雅具羅列無腥甌茶經鑪鼎腥甌非器也比之玉
乳不差別曲阿有玉乳泉誚彼鍊丹多謬悠俗傳天笠有鍊
丹井而茶經水記皆不載今茲泉眼在魯塢所喜雲液鄰
菀裘魯塢乃棄一峯地予所居去之一舍茀翁既往乏鑒者水
記未載予將脩此山此井永不廢此歌其庶
傳南州文題半峯亭詩云何名半峯亭亮峯
路之半游客趨層崖斗上多股戰寶雲從才從冓
茲軒接引心不倦所冀冠蓋來少休松石畔

雄視金仙居巍乎倚銀漢自此更攀緣須由躋彼岸

李彌大

雲峯何岧嶤去天餘幾丈其巾杖飛蓋不須持步步蒼松障山僧知我來下蔚華林幽禪屹相向我游先朝暾海日射羅立鳧鴈行提携兩行人為我談實相一種勿弦琴三嘆無聲唱開軒面東南千里入俯仰西登妙高臺更欲茲曠望土斷澤逶山煙濤渺雲浪恐是六鼇連蓬壺墮莽蒼又疑鯨入海偃脊起青嶂時方老火熾金石流欲煬須臾變雲雨為作雄風壯飄手回凉秋撇舞千林響誰云兔求宮自是神龍藏三高如可作吾欲五湖訪洗足巨浸心振衣孤峯上寄語夸奪流得飽但相忘長哦可當歌踏月下空曠

僧懷深山居十詠

滟湛平湖浸月明漁歌吹斷曉風清壞衣蒙頂跏趺坐不稱詩情稱道情

右清禪軒

深靜含秋一鑑寬清甘聊酌齒牙寒靈巖自笑窮山骨明月泉慳只欲乾

右碧玉沼

聊向蒼藤掛六環蒲莎嘉致

伴幽閒雙眸淨洗看不厭欲結遮頭草一間
右多寶巖 寶雲珠草廣禪林鬱石窮源意亦
深長嘆甘泉不當路汪汪空有濟人心 右寶
雲泉 古洞深沉莫敢窺森陰草木野雲飛白
龍行處淹頭角天下蒼生待汝歸 右白龍洞
笑日野花青嶂下歌春幽鳥白雲間寶陀大
士全身露懊惱游人空看山 右觀音巖 寒松
門底如張蓋接引嘉賓眼倍青方丈老人迎
送少未應因汝下幽庭 右偃蓋松 下視群山
盡子孫孤高直與月輪分善財不用別峯覓
只此休時見德雲 右妙高峯 禪板蒲團消永
日明窗淨几映疏篁一爐香盡六時過轉覺
山家氣味真 右東齋 匿影長嫌山未深閉門
莫放俗塵侵如今滿眼事奔走欲向何人話
此心 右
西齋

普明禪院即楓橋寺也在吳縣西十里舊楓橋

妙利普明塔院也

孫覿記　平江自唐白公爲刺史時即事賦詩已有八門六十坊三百橋十萬戶爲東南之冠詩云茂苑太繁雄是也逮乾符光啓間大盜蠭出爭爲强雄而武肅王錢鏐以破黃巢誅董昌之功盡有淛東西之地五代分裂諸藩據數州自王獨嘗順事中國。有宋受命盡籍土地府庫帥其屬朝京師遂去其國蓋自長慶訖宣和更七代三百年吳人老死不見兵革覆露生養至四十三萬家而吳大伯廟棟猶有唐昭宗時寧海鎮東軍節度使錢鏐姓名書其上可謂盛矣建炎盜起官寺民廬一夕爲煨燼而楓橋寺者距州西南六七里枕漕河俯官道南北舟車所從出而嶤然獨無恙殆有數焉寺無碑誌按吳郡圖經實妙利普明塔院而不著經始之歲月唐人張繼張祜嘗即其處作詩記游傳誦至今而楓橋寺亦遂知名於天下太平興國初節度使孫承祐

重建浮屠七成峻峙蟠固人天鬼神所共瞻
仰至嘉祐中始改賜普明禪院而雄傑偉麗
之觀滋起矣屬有天幸僅成於兵火而官軍
蹂踐寺僧逃匿頹簷委地飄瓦中人則揭之
上仰視天日四壁蕭然如逃人家紹興四年
長老法遷者會其徒入居之而相其室無不
脩銖積寸累扶顛補敗棟宇一新可支十世
寺有水陸院嚴麗靚深龍象所棲升濟幽明
屢出靈響尤爲殊勝而塔之役㝡大更三年
而後就一日遷老過余言曰願有紀也余嘗
惟天下多故縣官財匱力屈。天子減膳羞大
臣辭賜金將吏被介胄以死士大夫毀車殺
牛而食而吾民則當輸家財助邊率常睊睊
然舉首蹙頞疾視其上無慨然樂輸之意而
佛之徒無尺寸之柄無左右紹介之先瓦盂
錫杖率爾至門則倒衣吐哺躧履起迎惟恐
後已乃捐金幣共一囷廪捨所甚愛如執左契
交手相付無難色此何道也今觀遷老積精

營作練學若空弊衣糲食不以一毫私其身日以飾蠹壞起頹仆爲急又飭其徒三二輩持鉢扣門或持簿乞民間日有獲焉惟資以治寺以故一方道俗皆向慕之凡所欲爲無不如志故成就如此今吾鄉縣之長人者晨擁百吏坐一堂之上赫然如神明之臨又阻聲威以怛之而後吏得以投其隙吾欲以柔道理之量其力之所堪任而與之爲均無急之以期無使吏迫之上下休戚共爲一體人人歡然欣戴如駒犢嬰兒之慕以盡夫爲民父母之道夫以子弟而事父母其於奉佛固無間然矣故著余之所欲言者爲記使歸刻焉紹興十六年七月日晋陵孫覿記

張祜　長洲苑外草蕭蕭却憶重遊歲月遥唯有别時因不忘暮煙疎雨過楓橋

張繼晚泊　月落烏啼霜滿天江楓漁火對愁眠姑蘇城外寒山寺半夜鍾聲到客舡

張師中　吴門多精藍此寺名尤古拒城七里餘冠蓋日旁午斜遥通

採香遠岫對樓虎巖扉瀨野橋塔影落前簷
霜樓鳴曉鐘夕蚵亂雙燐方丈中有人學佛
洞禪語跡忙心已閑道樂行彌苦不爲喧所
遷意以靜爲主何必深山林掌巒遶軒户□
師益門對雲山畫不如師今一念六年居遍
來寺好尤瀟洒張繼留題內翰書岭鶴丁大王
夫是詩故憂耶不其題覩名冒又泊楓橋偶成晚泊橋邊
寺迎風坐一軒好山平鵰岸流水漫過門來
舫朝天路青林近郭村主人頭似雪娃我到
多畨題蘇與溫老閭闔曾城外寒山古道西
若人具眼隻與佛拍肩齊白浪噴鼇首黃塵
送馬蹄幢幢南北路一揖有高栖。又二絶
白首重來一夢中青山不改舊時容烏啼月
落橋邊寺欹枕猶聞半夜鐘。翠木蒼藤一
兩家門依古柳抱溪斜古城流水參差是不
見兎都舊日花。三年瘴海卧炎宵夢隔青
楓一水遥萬里歸來悲故物銅駝埋沒草齊
腰胡堂朝辭海涌千人石暮宿楓橋半夜鐘

明日館娃宮裏去洞庭呼起一帆風
四年忽忽兩經過古岸依然窣堵波借我繩
床銷午暑亂蟬鳴處竹陰多師子山雲
漠漠越來溪水悠悠鍾到客舡未晚月和漁
火俱愁咫尺横塘古塔連綿芳草長
洲一老脩然自在昨時來繫扁舟

福臻禪院在吳縣西南四十五里靈巖山舊經
云梁天監二年置今記中云唐會昌六年建
寺有米芾大書詩兩壁字畫奇逝至今存焉
□隆禪院者唐會昌六年之所建也
先是蕭梁下詔取梅梁於茲地致白馬之奠
感明神之徵因謂白馬蕩即茲院之址也至
唐宣宗改元大中重興梵宇法眷承紹六世
于茲事曠繕完迨今一載飛梁朽以虹天危
簷壓而翼摧則燥濕之患是生矣大教示泯

招來信人天王嗣位之八年有嘗院徒弟
奉安發志必葺果得檀那繼踵而至自夏徂
鍾離二氏等一百五十餘人咸竭淨緡鼎新
大壯殿堂奕甍廊廡軫轄璇題次第以輝鮮
金地迴光而嚴潔於戲阿含所云若能補故
寺者是亦二梵之福則吾師之興葺能事有
是夫諸檀信之慈悲喜捨有是夫魁茲勝事
願勤貞珉聊奮直筆爲紀歲時皇宋景德四
年五月
九日記

寶積寺在横山下亦名楞迦寺山頂有塔隋人
所書塔銘碑石全好字畫秀整絕類虞褚大
抵隋人書法兼傳晉宋間造意甚可珍今録
之

吳郡横山頂舍利靈塔銘

竊以至理無言非言無以寄理從亾從亡蹤無體非體無以明

蹤然則八十種好呈應身之妙三十二相表化質之妍至如獻土童兒聚沙稚子尚獲無窮之報猶成莫盡之因況撤身命重財崇諸聖業者矣但樹因之寂無過起塔崇福之重詎甚建幢而銀青光祿大夫吳郡太守李顯者乃華陽杞梓江漢芳蘭夙布素誠少縱王厂王國吐納風雷之際出處朱紫之庭縻爵峻於其身隆夲六於往葉溫良洽于郡國孝友睦于閨門建節贊治張振化風門雖望族世載公門安仁樂智之心無違終贪謙明惠厚之德造次必存仍共吳勸郡部宀八奉爲皇帝皇后齋王六宮眷屬各捨七珍同崇八福在郡城之西山頂上穴七層之寶塔以九舍利置其中二瓶外重石槨周匝留諸佛朽遇劫火而不燒守諸不移漂劫水而不易時有龍華道場比丘法首者歳居鄮亂即起踰城之心將志學乃持航海之操自離親捨俗三十許年洞識苦空明閑法要誠心内

發冥夢外酬時聞此山古之佛殿乃共於
此所成斯勝業願寶鐸常搖法輪永劫轉今
生迴向歸心上通有頂之天傍及無邊之地
同離生死之苦俱成涅槃之樂其辭曰相焉
是滅法矣非生蓋纏虛萃渴愛徒盈不無不
有何體何名業風既息法水便清以茲勝地
令德來持功施合矩化勤成規如雲出岫狀
月臨池清流不佚貽銘一疲虔心局體同歸
共慕之彼七珍崇斯六度下被群品上資天
祚萬福莊嚴八千靈輔護少宣令問侍秀苗聚
輪轉三有馳流六通獨善非德兼為功俱
成法雨用息塵籠大隋大業四年歲次戊辰
九月辛未朔八日戊寅立銘吳郡
司戶嚴德盛製文司倉魏瑗書

智顯禪院在吳縣西南三十里寶華山 孫規新鐫記寶
華山智顯禪院西面震澤之濱背長洲之故
苑左控洞庭之峰右挹靈巖之巔刻蟠之闕

相望遊麋之墟密邇真三吳之佳地一方之上游先是梁天監中有僧號憨憨者至自梵天營立香界植錫杖之故所化靈源之尚存年祀滋深締架繼圮　國朝祥符乙卯歲故府侯崇儀秦公羲嘗蘬然之未墜思勉矣而可興其疇尸之必有能者即以今心印師居焉增庫爲　殿之類岌起金碧垂一紀間精盧克備云云

實相院在吳縣西南七十里古廢寺也梁大同十年再興皇朝大中祥符元年改今名

光福寺在吳縣西南七十里舊有銅像觀音歲有水旱郡輒具禮迎奉入城祈禱必應淳熙年爲人盜去至十四年再得之元祐中建安黃公頡

銅觀音像記

光福寺距城六十里，有銅像觀音，其始作者與其歲月予不得知也。康定改元六月，志里張氏於廟傍之泥中覩焉。時久旱弗雨，相與言曰：「觀音示現，殆有謂乎？」迺具梵儀禱焉，即時雨降。以是凡有禱而弗獲者，州人必請命于刺史而致敬，無不得其感報。夫道之在天下，其廢興有數，而出處有命，亦惟其時而已。蓋習俗沉迷之日久矣，必將有以薰沐其邪意，啓迪其善心，教令既不足以敺之，於是時聖人出而輔世。其在吳越，則若四明之奉化、東陽之雙林、錢塘之天竺是也。或因乎俗之所趨，或寓乎物之所感，顯相示化，變出不窮。以是因緣，不假言說，凡見聞者隨其願求，各有所得，則雖頑嚚抵冒之人，亦將有以善其心，況根性之厚者乎？則其所以輔世者，豈小補哉！此其佛教行乎中國，人之所賴以悔罪祈福者，宜乎曠世歷年而弗絶也。予毋葬于寺之西南，常過其上，僧蘊恭屢

求爲記予不得辭也因序其事云　唐顧在鎔

題光福上方

蒼島孤生白浪中倚天高塔勢翻空煙凝遠岫列寒翠霜染疎林墜碎紅溪渚或棲彭澤鴈樓臺深貯洞庭風六時金磬落何處偏傍葦叢驚釣翁

澄照寺在長洲縣西北陽山下　天禧五年陳綜

記

佛宇之興其來尚矣自竺乾入洛象教歸周琅函流貝葉之文寶塔閟玉毫之相莫不圖諸爽塏樹乃精藍尚非背山而面林左泉而右石則何以伏之[illegible]鷲嶺雄摽[illegible]尊匠而說法雙林秀拔惠遠由是奠邑蓋ノ境[illegible]一[illegible]蘇州郡城之西北三十五里山曰陽山山之下寺曰澄照先是唐會昌中丁某施白馬澗宅爲白鶴寺後有龍興寺僧知乂因遊其上縱目周覽嗟其年祀寖遠名額僅存榛莽靡除基址甚隘

於是瀘膾衙左衛大將軍曹茂達六代孫譔
梵許捨祠堂基以繼斷寺不改舊額因而遷
之始搦茆茨數十間而已鞭其崗巒環合巖
谷洞呀真佛者之津梁乃道林之形勝靈啓
其地人與碑謀決智力而有開獲明神之來
乂寺中有靈泉潛發莫窮其源決溲蓋自於
神功疏鑿豈因於人力引山泉者數以灌民
田者百塍水旱不更其淺深遠邇必沾其潤
利爲國彭城感顯公嘗而異之因攻曰仙泉
我宋祥符初始賜今額乾德中又公既沒
上足蘊明嗣而續之悉以熱發適者蘊興亦
入公弟子也勤猛精進出於常倫痛先志之
未終發精心而善誘由是智者獻謀壯者効
用經始功亟舉而斬之毀賴鍛以安睟容飾
華龕而度大藏廚有庫香積之供成僧有室
收雲之衆集辰昏是警鼓鍾於百尺之臺求
陸致虔設位於五層之閣而又置懺院法華
院亭榭高揭房廊繚周眈然巍然不勝其壯

觀矣開寶中太保韓公承德復捨梳洗樓爲塔院詳其始末敘厥廢興見徵蕪辭用紀珎琰飾時天禧五年十一月二十一日記

明因禪院在吴縣西南横山下即薦福山感慈禪院也

錢氏塔重建[illegible][illegible]記

世之爲放曠衍之言者指宇宙爲極矣如來視宇宙猶一漚也嘗以大千世界爲言斯多矣而未極其廣也嘗又以殑伽沙世界爲言斯廣矣而未得爲無量也然則無量者非世論所可詳矣如來能以如是無量世界置諸一室而不隘納諸芥子而不迫擲之方外而無沃之巨浸而不濁神化無方理絶思議是嚴偈云淨土如所欲受用皆現前蓋言諸佛如來游戲三昧自在若此雖欲質其於忍土選內外於鷲峯固爲不難然且循須達之請而經營舍衛之室忍其虛府庫殫智力而

後成豈神境妙用不足尚耶嗚呼非具大悲
者孰能與於此泉生差別知見冥鈍要以檀
施攝其初心由是言之祇園精舍豈一手一
足爲之哉茲院成於國初景祐中瓚玠師
頗易舊宇其間未葺者日益隳圮長老唯廣
師補漏支敧迨已四稔尺椽寸甓不以強人
凡興斯緣莫非樂施熙寧七年四月二十七
日始工後十月而工畢坎高增庳廣倍舊址
欂櫨欀桷亦攻堅材圬墁斲削皆聚良匠美
哉輪奐不日而成如天持來若地湧出物不
終否在人而興儔工之初予嘗謂師曰弟子
貧不能以財施弱不能以力施它日願施鄙
文讚勝事明年師故遺書來岳陽從索斯記
師昔住天峯蓋有甚大緣事未嘗刻一言今
反記此者是欲攝我以
文施因得記其歲月焉

湧泉院在吳縣西南横山之下舊爲程師孟光

祿香火院故程公賦詩甚多比年其家不振伐木毀屋以其地賣爲劉孝韙侍郎之墓程師孟入湧泉道中十三詩●小航時過越溪頭當日吳宮事可求西子冶容來作餌伍員忠憤反爲讎雖無別館虹蜺帶吳郡賦云寒暑隔閡於邃宇虹蜺迴帶於雲館但有荒臺麋鹿遊高望太湖千萬頃夕陽依舊水東流●窮冬未見六花飄春意微微動柳梢千丈龍形蟠暮嶺一條虹影落溪橋閶門飛跨何清泚茂苑繁雄未寂寥切幸早歸頻出郭西山隱客不須招●因省先瑩到故都不妨閑步問耕夫水雲莽蒼遙連洞田野低窪稍近湖秋熟幾家收橘柚日生衆口藉菰蒲今朝偶得西華稻僧飯年年出王腴○道出橫塘跨石梁塘南塘北稻花香風吹舴艋輕如駛日照浮圖峻若翔遠岸漁樵三兩兩近村鳧鴨一行行回頭却指城南

路雲屋朱樓氣鬱蒼。寒林已見早梅芳。盡日臨流野興長。門外牛羊人自得，籬邊雞犬盜誰防。三江夜色滄浪白，千里秋香秬稏黃。借問舡中何所有，棖虀鱸鱠酒先嘗。舟行如葉泛長川，解水吳兒力可全。風急輙先千浪破，岸欹能把一篙牽。湖沉日影山頭畫，雲漏天光兩足懸。試向中流東北望，城南寶塔在門前。告老清朝分自安，從今榮悴不相關。有愁方見田家樂，無事纔知釣叟閑。世故要看終始後，人生未免是非間。婦墳更在公塋側，一舸東猶遂往還。誰何不欲蚤忘機，今已高年古亦稀。翠柳陰中黃鳥過，青山影裏白鷗飛。新春已到無高下，故里重過有是非。人意不如毛羽意，聲聲猶道不如歸。

天宮寺在吳縣西南四十里。梁武帝天監中所嘗，唐德宗重加興飾。天聖間重新。前進士張汴

爲之記

水月禪院在洞庭山縹緲峯下梁大同四年建隋大業六年廢唐光化中僧志勤因舊址結廬天祐四年刺史曹珪以明月名之皇朝祥符間詔易今名山有無礙泉紹興間始名續

寄題水月　參差峯岫晝雲昏入望交蘿濁浪奔震澤湧山來北岸華陽連洞到東門日生樹掛紅[illegible]脚風起波摇白石根閒有上方僧住處橘[illegible]林下採蘭蓀○積翠湖心迤邐長洞臺薦寺兩交光烏行黑點波濤白楓葉紅連橘柚黃人我絕時隈樹石是行來處接帆檣如何遂得追遊些擺却營營不急忙慶曆七年蘇舜欽字予　酉歲夏四月來吾吳門

如維舟登靈巖之巔以望太湖俯視洞庭山
巋然特起雲霞采翠浮動於滄波之中興時
據欄頫首精爽下墮欲乘風躋落景以與翔
乎其間莫可得也自爾平居翛然思於一
或於險說之未果行則常若有物偪塞於胷
中是歲十月遂招徐陳二君浮輕舟出橫金
口觀其洪川蕩潏萬頃一色不知天地之大
所能容水程浙洄七十里而遠初宿社下
踰日乃至入林屋洞陟壇宿包山精舍又
泛明月灣南望一山上摩蒼煙舟人指云此
所謂縹緲峯也即岸步自松間出數里至
峯下有佛廟號水月者閣殿甚古像設嚴煥
旁有澄泉絜清甘涼極旱不枯不類他水梁
大同四年始建佛寺至隋大業六年洪燹不
存唐光化中有浮屠志勤者歷遊四方至此
愛而不能去復於舊址結廬誦經後因而屋
之至數十百楹天祐四年刺史曹珪以明月
名其院勤老且死其徒嗣之迄今七世不絕

國朝大中祥符初有詔又易今名于觀[illegible]澤受三江吞麗四郡之封其中山之名見圖誌者七十有二惟洞庭稱雄其間地占三鄉戶率三千環四十里民俗真朴歷歲未嘗有訴以至于縣吏之庭下皆樹桑梔柑柚爲常産每秋高霜餘丹苞朱實與長松茂樹參差間於巖壑間望之若圖繪金翠之可愛縹緲峯又居山之表民已少事尚有歲時識綱樹藝捕採之勞浮屠氏本以清曠遠事物已出中國禮法之外復居深遠絕勝之地壞斷水隔人跡罕至故僧宴坐寂默於泉石之間引而與語殊無纖芥世俗間氣韻其視聽語其行于于豈上世之遺民者邪予生平病闕鬱塞至此曝然破散無餘矣反復身世惘然莫知但如蛻解俗骨傳之羽翰飛出乎八荒之外吁其快哉後二年其徒心源造予乞文識其居之廢興欣其誠請攬筆直述且叙昔遊之勝爲[illegible]尉吳縣時作水月長短句書

橫絶湖波練更上雕皺窮翠巘霜橋半垂黄
征衣盡日香鐘聲雲外聽金界將松映何處
是華山峯巒杳靄間李彌大無礙泉詩居
月寺東入小青塢至纍繩峯有泉泓澄瑩
徹冬夏不涸酌之甘冽異於他泉而未名紹
興二年七月九日無礙居士李似矩靜養居
士胡於老飲而樂之靜養以無礙名泉主僧
願平叔煑泉烹水月芽爲賦詩云顧研水月
先春焙鼎茗呉林無礙泉將謂
蘇州能太守老僧還解覓詩篇

壽聖院在吳縣西南二十里晉天福五年吳越
國中吳軍節度使威顯公文奉翁建以奉其
父廣陵王元璙墓祀初名吳山院至
本朝治平中改賜今額　崇寧元年威顯之

孫奉議郎賜緋魚袋錢公著立石俾承議郎
行少府監丞雲騎尉張浚明爲之記元祐八年九月
辛巳同郡錢君湞微過余言曰昔我先王既
荒吳越維子若孫分建藩屏我高祖廣陵宣
義王實鎮中吳父子再世嗣有節鉞逮我皇
祖司封始棄而仕于朝然自廣陵而下四世
皆葬于蘇晉天福辛酉歲曾祖威顯公始建
寺於吳山之麓以爲薰修之所因其山名之
曰吳山院本朝天聖丁卯歲主僧循久省遷
其寺少南既又遷瓦塘最後遷宋湞則今所
建寺之地也治平中賜今名壽聖院厥初屋
纔數十間僧徒甚寡歲久益壞而僧之來者
日衆生斯單爲此緡錢二十萬俾其徒懷政
合衆財以新之然後瞻禮有所講誦有堂井
廬庖湢無不完具又俾其徒懷遇即寺之側
沮洳沃之地開田畝百歲更豐凶不資檀施

而寺常足食先是法堂蜀庳陋不稱寺僧智
來又侈大之以增其舊此寺之興踰百年更
三遷歷吾家四世而後大備其成之難如此
幸此寺日益新僧之來者日益衆則錢氏之
興可知也恐後來者無以考也吾子試為我
書之余曰唯唯詞曰武肅多子大王小侯冠
初啓分十有三州分建子弟維藩維屏維時
中吳以控外境廣陵受鉞關壤千里文穆之
允武肅之子生有其土死即葬之父子孫曾
謁譴纍纍在晉天福嘗感顯公相方視址爰
作佛宮蹤卧跡卧將軍世濟其美百年于兹
寺更三遷得圖惟久實藩有徒修敝徙廢不
忘其初太湖之濱吳山之
原斷石刻辭敢告後昆

吳郡志卷第三十三

吳郡志卷第三十四

吳郡范　成大　撰

郭外寺

孤園寺在洞庭山梁散騎常侍吳猛宅也捨而爲寺

皮日休

艤子小風亢緣湖蕩白芷劉紆泊一碕宛到孤園寺蘿島凝清陰松門湛虛翠寒泉飛碧螭古木鬬蒼兕鍾梵在水魂樓臺入雲肆巖邊足鳴蟹樹杪多飛鸓香滲蘚院落風泛金蠶靡靜鶴啄蘋蟲閑猿弄榅倚小殿薰陸香古經貝多紙老僧方瞑坐見客還强起指茲正險絕何以來到此先言洞壑數次話真如理磬韻醒閑心茶香凝皓齒巾之劫貝布饌以𦼮薾餌數刻得清淨終身欲依止可憐陶侍讀身列丹臺位雅號曰

勝力亦聞師佛氏陶隱居嘗夢見佛像謂之曰爾當士地大王號曰勝力也今日到孤園何妨稱弟子陸龜蒙浮圖從西來事者極梁武巖幽與水曲結架無遺土窮山林幹盡竭海珠璣聚况即侍從臣敢愛煙波塢幡條玉龍扣殿角金虬舞釋子厭樓臺生人露風雨今來四百載像設藏雲漏經鴿亂馴鷗鳴鍾和朝櫓庭蕉裂旗旆野蔓差纓組石上解空人窗前聽經虎林虛葉如織水淨沙堪數徧問得中天歸修釋迹譜

包山禪院在吳縣西南一百二十里院有舊鍾云梁大同二年置爲福願寺天監中再葺唐上元九年改爲包山寺高宗賜名顯慶寺本朝靖康間慈受大師懷深居之詔復賜舊

名院亦復興　王銍記

靖康元年夏五月，慈受大士普照禪師懷深住大相國寺慧林禪院之六年，力祈還山，優詔不許，命大丞相喻旨所以留師者靡不盡也。師確不可奪，拂袖出都，徧走江浙，所至山川城邑，僧俗擁衆驩迎，瞻頂焚香，爽道如佛行化。靈巖、薦山虛二禪席以待，而兩山之人遮道不得行。師姑慰其意，皆少留而去，最後得洞庭包山廢院，欣然駐錫，卷襪爲終焉計。茲院自六朝之初爲勝地，梁天監中始再崇葺，唐高宗賜名顯慶，爲大叢林，庇千僧，陸龜蒙、皮日休所賦包山精舍是也。政和中，權豪用事，撤以修其墳寺，瓦木滌地俱盡。淵聖皇帝詔復其名，而舊寺僧法聰爲師以請。既至山，平江府令其弟了初主院事。然頹基斷址，四顧荒寒，而富者獻財，巧者獻技，壯者獻力，不數月殿堂門室、鍾經與樓皆具。師平日未嘗求施，兵燼之後尤不煩人，而施者自遠而至，必弗受於是禪居靚深蘙然出雲煙之上矣夫洞庭別名震澤又曰松江又曰笠澤又曰具區道家謂一水五名上稟咸池五車之氣而包山即林屋洞天下有洞穴水潛行地中無往不達號爲神仙天后便閤洞中產白芝紫泉廼仙饌天醴環以七十二峯而明月之灣縹緲之峯毛公之壇尤爲塵外淨境傳稱黃帝訪道所幸而夏禹治水藏素書於此至吳王闔閭得之以問孔子蓋仙聖所宅得名數千年遠矣地分東西兩山院在西山之巔巨浸回環四絕無地天水相際一碧萬頃風濤豪洶旁接滄溟下則魚龍之所窟宅上則虎豹之所伏藏藤蘿膠葛橘柚蔽虧深林森木橫生倒植納天風海日於窮崖絕壑之間所謂煙雲生於步武陰晴變於几席猿鳥悲嘯晝夜清寂而水作限斷遠與世隔蓋江海之外無際之山孤聳於不測之淵無逾此者東南號山之富此又東南百水所鍾之地也竊

嘗論古昔學道之士必游走四方以極天下壯觀登高望遠廣其耳目使萬境森然納於胸中然後見聞深博道學明備釋氏之教亦然自出家祝髮則一衲一食水浮陸走匽薄風霜以求師問法務見一切世間艱難險阻情僞利害然後心境廓然知無一當留者故於道爲近思斯院之成人與地稱山川改色來者瞻敬殊不知師所見豈在於此視天宮化城金色世界釋帝龍天之居與夫光明藏海毗盧法界皆吾一性之内非遠非近無去無來今我行住坐卧莫非西方淨土豈厭此樂彼有所分别而更佗境於一念之外哉此師之達觀一視如法無彼此不眷眷於一居也然則僕今所言皆師所不取也其如院廢興歲月與師居此本心以待其徒傳永遠而無窮者亦不可以不記者於是乎書紹興二年正月

戊寅

翠峯禪院在吳縣西南七十里洞庭東山唐將軍席温其所捨宅也

彌勒禪院在吳縣西南一百里洞庭東山乾符年間吳越王建

觀音院在洞庭山宋元嘉安禪師所建華山院也隋大業間廢唐開成間再建咸通間賜今名僧懷深圓通殿記洞庭華山觀音院者本在胥湖之北宋元嘉中會稽内史張裕請於朝而立焉初裕嘗事應真謹甚感池産千葉蓮因名院曰華山隋大業間經戮廢暨唐開成四年始遷于此往時浚治得會昌斷石刻其略云羅浮常安禪師卜其地即里人延

士徐正甫所施也逮咸通十五載奏賜今名
刹癈於會昌至是復興有屋數十楹視洞庭
西峯諸刹寂爲勝絕處主僧維照篤志學佛
材器足以立事嘗語其徒曰兹院雖號觀音
蓋未覩其像名存而實亡矣或問觀音安在
吾將何辭以對於是發廣大心欲令一切睹
相聞名悉蒙解脫乃用紫旃檀八百兩造菩
薩像飾以黃金丹砂珎珠琉璃端嚴瑞相工
妙天下并刻諸天十有六尊莊嚴畢備爲大
殿以居之規模雄偉動人心目費錢凡三百
萬毫釐累銖積閲二十年厥功乃就來者作禮
歎未曾有弟子維鑒實左右之既而照公欲
刻諸石自太湖沉舟登靈巖謁慈受叟懷深
求紀其事懷深曰華嚴經云海上有山多聖
賢衆寶所成極清淨勇猛丈夫觀自在爲利
衆生住此山是大寶殿踞起于曾波之中真
若鬼工神運所謂補陀洛迦山者豈異此耶
余聞菩薩從聞思修入三摩地乃至心精遺

聞圓融無礙悲愍群品迷本循聲是故不動
道場涉入諸國廣施無畏饒益衆生請試宴
坐反聽嘿觀則風濤澎湃水石相薄林木鳥
獸𪖐魚齋鼓莫非三十二應身入萬四千手
眼徧周法界又何止於一方耶雖然不假乎
像無以示圓通之捷徑俾夫見聞者各隨根
器普皆證入或由此也歟獨喜照公能以如
幻三昧成就不思議事故樂爲之書像造於
崇寧五年二月工休於四月殿作於靖康二
年之二月落成於建炎改元之七月作記以
是冬之十月初八日也　**孫覿題德雲室**　千丈
銀山屹萬華浪湧雲屯天一罅撈舟夜並龜
鼉窟杖藜曉入雞豚社處處人家橘柚垂竹
簷茅屋青黃亞牛羊出沒怪石走蛟龍起伏
蒼籐掛樓殿青紅隱半山雨脈清風策高駕
飢鼠窺燈佛帳寒華鯨吼粥僧趺木曲牀久
諳真爵蠟老境得閑如敝簏山靈知我欲歸
耕一夜築垣應繕舍　**胡松年詩序云**　余罷自

平江謀居雪川過洞庭西山暫寓觀音院德
雲堂坐挹湖山勝槩亦足以少洗簿書之矣
數年兵火之禍何所不至獨此地清涼安穩
豈非林屋洞天金庭玉柱爲神仙窟宅有物
常護持邪余願掛冠終老此間也詩云小舟
乘風飛鳥過萬頃雲濤縱擲鐵此行要是快
平生無數青山笑迎我山根隱約見人家槿
籬茅屋埋煙霞宛似秦人種桃處川原遠近
紛香葩村藜徑踏華山去試問蓮開今何許
路迷絕蹬蔭松筠身到半山聽魚鼓道人爲
我開雲堂是中境界渾清涼幽磬時和野鳥
語飛泉暗瀉巖花香文書照眼本吾事鴈鶩
著行敗人意造物似憐厭世囂詔挈置湖山頃
一洗何人夜呼隱去來向來得喪真山崖金
庭玉柱永不改人間刼火空飛灰葛勝仲弱
水無風到海山慈容親扎紫旃檀亭亭寶剎
凌雲近湛湛清池漱玉寒橋瘦暗飄紅萬顆
竹迷曾蒔綠千竿藕花不是南朝夢真有殘

香透
畫欄

洞庭西山小湖觀音教院在吳縣西南一百五十里即舊小湖院也相傳唐乾符中有沉香觀音像沉太湖而來小湖僧迎得之有黃繞像足授之小湖生千葉蓮華至今有之

[illegible]觀靈泉

讚 良哉大士溢此靈泉世有熱惱一酌而痊方池何產千級紺蓮無實可味有根弗傳世紀大士浮海而來攜此二物寘之山隈青青之枝其灑此哉躍躍之衣其製此哉唯此小湖實補陀山我來稽首瞻仰尊顏撫水啜之清入肺肝塵垢銷落身心蕩然嗟嗟此土塵事非鶩百尺類基數椽敗屋如泗僧伽習[illegible]成癡對面却迷貴耳賤目惟聖斷狂存乎[illegible]

念歸斯受之匿瑕磨玷弗畀莫求弗施已圓
信受之者亦得是瞻汝心如泉泓然弗遷汝
身如蓮離垢芳鮮大士可之詎
曰舍旃一彈指頃超證無邊

護國天王禪院在吳縣西南一百二十里洞庭
西山即舊天王院也宣和間改賜今名紹興
初更爲十方

法海寺在吳縣西七十里洞庭東山隋將軍莫
釐捨宅所建寺也後梁乾化間改秖園
皇朝祥符五年改今名

半塘梵華院在長洲縣西北七里綵雲橋西寺

有雉兒塔晉道生法師有誦法華經童子死葬此義熙十一年商人謝本夜泊此岸聞誦經聲旦尋求見墳上生青蓮華郡以聞詔建是塔號法華院紹興七年重修鳩工之始夜聞塔中誦經聲數夕不絶

魏憲重修塔記

半塘壽聖浮屠按舊記云晉義熙十一年名法華塔詔賜國材以建繇晉歷唐距宋興凡一再改造歲久寖壞先君開府覽之慨然若契夙願實始修焉逮炎庚戌之亂塔復燬焉不孝顓瞻餘燼〻悵下懷曰此吾先君所植德者也噫不敢勉於是傾貲度財載加營葺紹興七年七月二日工告訖劝初道生法師有童子能誦法華經死葬半塘其後過客夜聞誦經聲迹之或見

上視童子塚有青蓮花塔之建蓋權輿
於此迄今幾八百年矣而爲上之始役夫者
方寢復聞誦經聲琅然出塔數夕不絕嗚呼
異哉僧了勤以其事來告因爲之書顯謨閣
直學士左太中大夫提舉江州太平觀吳郡
開國侯食邑一千二百戶食實封一百戶魏
憲記

大覺院在長洲縣南四十里

齊昇院在盤門外高麗亭東一里紹熙元年提
舉常平張體仁創建撥沒官田供院爲常住
貧民死而家不能津送者則與之棺後發瘞
焉

吳郡志卷第三十四

吴郡志卷第三十五

吴郡范　成大　撰

郭外寺

崑山縣慧聚寺在縣西北三里崑山一名馬鞍山世傳殿基乃梁天監中鬼工所造半疊石半爲虚閣縹緲如仙府他山佛宇未有其比山上下前後皆擇勝爲僧舍雲窻霧閣間見層出不可形容繪畫也吴人謂崑山爲真山似假山最得其實大略見張祜孟郊詩及王

嶼所作圖序皇祐中王荆公以舒州倅被旨來相水利夜至寺秉炬登山閱張孟詩一父和之遂爲山中四絶一山中登臨勝處古上方爲冠月華閣妙峯菴次之山之上下又有留雲亞屏翠茂夕秀諸軒及凌峯翠微垂雲諸閣不可盡紀淳熙中月華先焚上方次之旣而寺災煨燼無遺自唐以來名賢題詠石刻殿柱雷火篆書及楊惠之所作天王像李後主所書偏榜等一掃無跡今惟山圖僅存

於收藏之家右亦燬矣山後搵地多得奇石玲瓏纖巧好事者甚貴之號崑山石唐[illegible]天[illegible]

毘云有釋氏子宅于馬鞍山下者一日忽抵太原王生洮促足角坐遙意欲洩不能去者數四喚乃作曰欲劫天王當事勞筆端謹按釋氏書云天王生于闐國作童兒時貓能血鉃射妖遂去走天竺遍金僊子於評議閻浮提補多聞王藏雲凌溲殺鬼撚魔霞纖雪戟指勾摧洋見妙鳥北面水精宮中為藥叉官長吁奇雄事孔門弟子斬於語然儒以正直為神今天王能射妖摧魔用壯護世是亦正道也復何勲之哉按毘陵山蹋出平原中絕頂晴望他山百餘里緣接培塿咸溝穿歷坦然鋪出復多奇石支疊危柱釋氏築室鬭倚山半今天王堂實翼西北罔墊狀岳聳崦然拄空金精燦豪力溢膺腕暴卒象伍作為

部落堂宇宏麗四簷飛翬麻靈庭像若腹藏
被甲擔戈立於煙霧洪四勞其賁進日非菜
力能皆邑民爲之塑實成於張弘度堂實處
於俞師甫吁大凡力於耕者一人功於穫者
三人嵓倜然於天王哉釋氏于姓關號清逵
姓趙號良顗時唐大中三年鄉貢進士王迮
立僧辯端慧聚寺碑記至道二年冬端自杭
州止姑蘇遂謁郡太守尚書戶部員外郎
陳公公一見若舊識延盤從陡趾于是郡得遊
其屬邑三年春二月屆于崑山縣寓慧聚寺
未數日會公聽理之暇出巡水塘相繼而至
又得以陪從嘉賞周覽古迹且目其孤巒崇
秀屹立天際曰馬鞍山也群岫相去皆百里
而遠極頂四視東連溟瀚西接洞庭顧覽
睦坦然鋪著初至寺墜廢尋碑讀記厥云然
壞其文殘闕年月名氏昔茂然蹟乃諭諸寺
人有耆年者齒者樹以舊傳乃得唐人撰
識手向所紀之文略叙其事先是梁天監十

年有帝之門師字興弘明釋慧嚮姓壞氏久
居內寺一旦歸省而至是山有息焉之志因
放錫禪坐于山巖不室蓋以二虎爲侍師方
畢講思立精舍忽有神人見師之前曰願施
千工以成其事其夜風雷震吼林木號怒迨
曲之人聞撲斲之聲翌日而竒石矗疊廣階
數城其方截如也延袤一十七丈高顯一十
二尺蓋山王之役神工也時宰縣者異其事
聞刺史奏武帝因造寺焉遂立正殿於其上
勅張僧繇繪神于二壁圖龍于四柱每雲陰
浹旬則鱗甲皆潤濡漉然及有浮萍者或曰
多與疾雷鼓巨浪於江海間後勅僧繇畫瑣
以制之洎唐武宗會昌中詔毀天下佛宇茲
寺嘗在毀聞大中五年宣宗皇帝重闡釋門
故寺僧清江以其靈迹聞郡守韋公於是奏
再興焉凡今殿閣像設非梁製也唯神砌存
爾觀其神迹視制皆窮奇極壯造化所成信
非人力遊者觀之莫不竦然心懾而股慄悚

驚而魄駭苟非嚮師至德通于神明又壽克
臻于是邪苟非山王靈感昭于有德又紛龍
成其績耶又前後曾未有郡牧至此者今寮
公溥古聞異來而觀之久以嘉歎因謂端曰
荊記湮滅來者昧其所從請撫其實庶垂於
永永端雖謏才忝辱厚命故拙毫以書時至
道三年孟夏僧嶽端記　孟郊　昨日到上方片
霞封石牀錫杖莓苔青袈裟松袖香晴磬無
張祜　短韻畫燈含永光有時乞鶴歸還訪道遥塲
寶殿依山險凌虛勢欲吞畫簷齊木末
香砌壓雲根遠景窻中岫孤煙竹裏村凭高
聊一望歸思隔吳門　王安石次孟郊韻　僧蹊
蟠青蒼莓苔上秋牀露翰飢更清風蘇亦
香掃石出古色洗松納空光久游不忍還迫
迮冠蓋場　又次張祜韻　峯嶺平出渡江湖相
吐吞園林浮海角臺殿擁山根百里見漁艇
萬家藏水樹地偏來客少幽興秖桑門　[illegible]明
之[illegible]字　離常熟至崑山泊惠聚[illegible]而

詩情猶壯復爲二章附于五題蓋山雖自愛
其尾亦欲以多爲貴也○古寺有遠名欲游
先夢生飛猿磵底嘯靈鳥雲間鳴影密樓臺
象香繁草樹榮何年照佛火燦爛長光明○
石林高月生蘚閣踈磬鳴宿鳥夢難就定僧
魂更清香風動花影巖瀑飛玉聲遥夜坐來
短但餘
天外情

景德寺在崑山縣西南即東晉所置寶馬寺

隆天閣記浮屠氏傳西竺一乘流入中國倡
天堂地獄禍福報應之說風動世俗波從信
向者往往悔惡徙業而歸之善其亦有補於
教化矣昌黎嘗言自其西來四海馳慕結樓
架閣上切星漢處處嚴奉高棟重簷闤麗誇
雄自唐已然雖妙言論如退之亦歎其不可
遏止也崑山普賢教院有閣翬飛下俯縈寺
碧瓏丹拱隱霧延曦森列諸天勢欲浮動虛

三十五卷　四　楊晉

人髮立凜凜生肅心每陳供辦香氣靄葱鬱
神若天臨馭風而翔雲諦觀恍然復疑身之
排金闕而造瓊樓也予嘗訪禪者曇益因見
住持講僧淵問誰為此具言政和癸巳茲菊
義明演經焉歲創興普賢殿邑人沈饒募緣
增堂廡以㳂道場今年夏五月沈又感夢率
衆建閣豪姓辛珍獨又畫劉諸天十六尊像
遠邇信向磨肩投禮禱禱祈年應不旋踵念
此殊勝緣要須書之信諸世因請予記之請
康丙午季冬既望奉議郎新濟王康王都王
府記室
范浩記

惠嚴禪院在崑山縣東三百步梁所造崑福院
也[illegible]崑山縣治之東有禪院曰惠嚴始唐末嗣禪師以佛學名一時故[illegible]
[illegible]劉璿為建院以處之嗣師既去其徒以[illegible]
[illegible]居者百五十餘人居甚而微徒不能[illegible]

熙寧四年，主僧惟已繼如嗣師故事，復以院待學衆之來遊。蘇以聞州，令選於衆，乃得惠元禪師界以住持。於是四方之士不期而自集，一境之民不言而心化。因相與視其屋，則又皆曰：「是豈人法之所宜有？」遂謀新之。鄉人聞命，繼輸以助。先爲法堂、寢室凡二十楹，始辜於元豐元年之秋，來歲仲夏二日[redacted]畢工。

師曰：「不與俗交，非與化爲人也，則記其事以慰作者之勤，其得已乎？而法堂寢室豈特以休耆壽者之身，佛之法傳乎其中矣，非知吾法者不能爲也。」以書屬予曰：「幸爲記之。」予聞釋氏之書曰：「所言法者，謂衆生心。」是則攝一切法。釋氏之言心法如此，則吾先聖人所謂天下之至神者是也。夫心之爲物，微妙寂通，故用之彌滿六虛，廢之莫知其所，不古不今，神而無方，信乎廣大高明，超於名迹，豈言與書之所能盡哉！是以學者欲其深造於道而自得之也。當梁之世，釋氏之教最爲盛時，然學其法者亦泥於言學其書者亦忘其真矣竺之師達磨始自其國來其曉人也直示道心使之研幾見獨盡蠲幽滯則廣大高明皆我同有豈如老身窮年敝精神於名迹而已者乎于斯時也道之不明久矣聞其風悅之者六通四闢如醯雞之發其覆而見天地之夫全盛中國之士大夫欲息於道者亦從之遊後衍其法者所居而衆奉所教而謹服待人之飼而後食待人之衣而後衣或乏求於人而人亦不以爲厭也其居之至則崇棟廣宇極於壯麗儼則衆相與新之而人亦不以爲侈也蓋聞其道而化者皆虛己以遊於世則其驕矜之意消而能尊道輕財固不足言也惟此堂室師之居此湛兮淵靜學然朝徽資道之侶還至而時集顧問於堂寮叩於室宜其迷者自覺疑者自釋神悟心照不知其然堂室雖無與於人法亦人法之所欲也則作而新之者其洋洋乎渴哉至元元豐

二年八月初一日常州團練推官將仕郎試
秘書省校書郎前充曹州州學教授曾旼撰

新安尼寺在崑山縣東二百步

常熟縣明因寺在縣東五十里碑寺新改禪寺記東常熟縣七
十里有雙鳳鄉有村支塘而寺於其間曰明
因昔嘗曰永昌又名再昌至國朝祥符改元
始易今額至熙寧六年遂為禪寺土不變壞
人不更聚而名目之不同者時異事異實亦
尊佛而已佛以一無冒一切有以一真破一
切妄一切法是有我何使之無我本無無今
安得有一切法是妄我何使之真我自非真
今安得妄一有一妄為有情故一無一真為
無情故此禪律所由判也東西分祖南北異
宗以攝戒名律以見理名禪此禪律所由盛
也夫律為漸禪為頓而為之徒者以禪受付
方召律傳父子因而反戈自伐與俗同汚其

不見膠於世者無幾初僧文悦由是與流輩有不平者以事至有司遂攘臂鼓衆更律爲禪自今日始縣爲聞府府下僧籍蒐可爲領導者衆薦今禪師紹瞻而府可之師至其徒有不悦者豫空其室以遁其頹垣壞壁蕭然如無人之虚師收付遺衆繕葺故廬鳴鍾擊鼓晨唱夕和欣欣如也規範僅舉徒衆僅安歳輒大凶而水且旱百里無其八人輒大疫而適且遇十室虚其九嚴不轉之心奉一實之事根無利鈍癒病用藥莫其徒以此親施無厚薄均福田相鄉人以此敬八年於今而門之外導長涇以利衆長涇之上營石橋以便行堂室龕殿雖未及美而小康矣因師請記之論次如此若夫門未華殿未紺而丈室未敞此必有待於他日余不得而書也元豐四年五月十五日前常熟縣尉陳于撰

常熟縣勝法寺在常熟縣東三十五里

佛法自漢入中國即與其言皆來然未嘗皆
是[illegible]也至晉宋周隋之間鳩羅什之徒出更
相傳譯轉相付授於是其書之至者日以廣
其流旣遠往往失其本真梁武帝時始有言
心法者一切以寂然無我爲宗不立文字佛
氏之學遂判爲禪律兩岐其後更數百年學
佛法者雖益盛然其書未嘗萃聚自隋開皇
至唐開元正元以來凡列於目者曰大乘小
乘曰律曰論判分甲乙鱗次櫛比雖假託疑
似謬妄之辭苟不叛其說亦莫不具在其傳
至于今不絕昔吾儒者之言僅出於中國其
道亦未下昭然若揭月日而中遭秦火雖六
經不得爲全書殘編斷簡出于屋壁丘墟之
餘與一時遺老所誦習雜幸而獲存然顛倒
錯謬固已不勝其弊其他諸子百家各以其
說自名於時者近數十年遠或百年皆已湮
滅無聞而佛氏來中國數萬里其言本于譯
而後見乃全而有之愈久而益恢何也豈其

言皆足以示後行遠使人欲廢而不可輒蓋
爲之學者皆知信其所習而尊其所聞相與
謹守嚴率手傳口誦而不敢慢非有意於借
資取便而捋所欲嘗探而忽忘之者然亦常
然姑蘇別邑梅里鎮又在邑之東北海上有
寺曰勝法故無藏經崇寧一年長老芝淵始
募眾緣爲之淵殫力明果學心法者山居勝
法二十一年與始至之日無異工既成見余
雪上曰並海之民不耕而漁其習以多殺爲
事而不畏罪與之言吾理則惑教之其書則
急惟轉輪藏修極雕刻彩繪之觀以致其莊
嚴之意可使凡微細悔過者一皆效誠於此
吹蠡伐鼓機發軸運象設駭人目而音聲接
於耳不待發函展卷而其[illegible][illegible]已有所嚮矣
然邑民瘠而艱施歲且多流有欲成吾事者
而屬於力其力足以及之者而靳於歲蓋竭
其勤而後能成不有記其略無以慰此意也
因請余文至再三不已夫物之盛衰存亡固

不可自以力致然，未有不存乎人者。服儒衣冠者徧天下，不能盡有其傳，而佛氏獨能持久若此，是必有當其責者□。惟其所以然，書以遺之，非特表淵之勤而已。政和五年六月十日，縉雲葉夢得記。

法輪寺，在常熟縣東南一百一十里。

永慶寺，在常熟西北四十五里。[illegible]巖守開早涼，谷鳥分遠翔。嵐氣濕幽逕，磬聲清上方。雲生松澗底，花落蘚痕傍。致有遺蹤意，移時坐石床。

寶巖禪院，在常熟縣西一十三里。舊名延福，天禧中改賜今名。陸璽重修延福禪院記：蘇州常熟縣海隅山舊有延福禪院。院蓋出於梁天監之初，自唐會昌廢毀，存者無幾。端拱二年，令長老惠明大師希辯荷天

子衆[illegible]歸止於斯而鄉邑里氓爲之捨士[illegible]
畚鍤之功土作廣于峻屬不五歲而告歸於
是有隆持而門者有炳煥而亭者有顯壯而
堂有邃麗而室者有虛揭危累而塔者有
雙延相敞而廡者有表門肯室紆直嶸植而
垣者有掩蓊之號有園圃積環架四上而院者
居高而顧堅風旋自下以相趨之異錫彝萃
輝照可[illegible]能[illegible]郎以主者奧
師俾悉[illegible]郎[illegible]鐵氏列時從學
於天[illegible]而大成[illegible]有[illegible]子入爲[illegible]智禪
師居普門[illegible]圖[illegible]隨[illegible]紹[illegible]聞上
御滋福殿[illegible]按紫一綬命服及[illegible]府帛五
十尺復賜今師號留之京師天壽寺淳化三
年上御製草書急就章一卷逍遙詩一十一
卷秘藏銓三十卷太平聖惠方一百冊藏焉
懋後來識與來故接其實以錄之至道二年
冬十月二十四日鄉貢進士李濬記
近代佛家流以韓退之關釋老[illegible]

與天下賢智隨而去之求能思之深矣夫受
天命首出大於君中國其間哲后繼王治亂
興亡之運接迹而不可勝數至於治而興者
則諸儒以曰非人事也天之數數輒治道而興
者也亂而亡者則諸儒亦以非人事也天之
數廢亂而亡者也夫如是則治亂興亡之
運與一不推之於天漢之有唐之文儒以堯
舜禹湯文武周孔之道不行於當世而釋氏
之法寖盛於中國故力排之著原道論佛骨所
表之類皆著辭深切疾時君奉之太過其
以然者誠欲抑之救其寖盛未始不為釋氏
證迹言弗納而身戮也彼得以益其惑逆言
會昌之毀豈若道隆則行物盛則衰之數
然會昌發之未數年而大中復之易如走丸
掀如反掌得非天乎觀其教乎噫大道而言
仁義仁義而尚組詩金仙氏之說其有不異
乎由是源於漢流於晉宋齊梁間與吾儒老
子之教鼎峙於中國若夫本空寂破還妄惑

出生入死之說爲與善惡應之鑒豈豈之畏
徒而遠罪則如來真慈深乎救世者也而時
君奉之或多立寺宇以徼福或廣度僧尼以
崇教上焉者欲之下焉者化之如之何不爲
後世奬蠹崇之者反於其道焉耳文中子曰
齊戒脩而梁國亡非釋迦之過此言得之我
國家因聖御極灼知化源革觀必舊而無所
鬻買僧道限年而入必試以行能故天下無
山勝槩非道術人孰能與此姑蘇去百里
有邑常熟邑西偏有佛宇曰寶嚴即梁天監
中所是也倚山面湖秀若屏障嘗有奉辯師
者心悟大乘是焉棲處錢氏霸國時以名聞
召論餘杭錢氏獻土隨詔請見賜紫方袍號
曰慧明大師既而獻居京國歸隱舊剎錢氏
以師入境眞勝復施金五百兩造七級浮屠
淳化中太宗皇帝詔賜急就章逍遙詠祕藏
詮太平聖惠方凡一百四十三卷以旌高風
院名舊曰延福天禧中邑尹胡順之飛章上

詔改賜今額院佛殿歲久無尺椽明道中武陵顧顯邑人李仁壽等捐厚貲貿良材經造於景祐之丙子落成於慶曆之乙酉壯而不華嚴而不陋絳里人也偶爲茲山之遊目擊諸公之善以文見託得以直書時慶曆六年正月一日記

十五

吳郡志卷第三十六

吳郡范成大撰

郭外寺

興福寺在常熟縣西北九里按寺記云始於齊始興五年按齊無始興年號但有延興中興二號皆止一年流傳之誤如此既是舊碑姑存之即常建題詩處九[illegible]德記此寺始自齊始興五年因邑人郴州牧倪德光捨居第置之是為大慈寺至梁大同三年改為興福寺自為邑為寺歷陳隋四代迄于我唐甲辰歲踰三百年會昌末釋教中圮僧難聿興武宗斥去浮屠法茲寺在

毀拆數大中踐祚再興釋教俾飾伽藍先是
大檀越主吴興錢公某吴縣顧某汝南周某
與彼親友兼募信士助修塑像添建殿堂與
嫵垂芳傳之不朽以儁僑居是邑廢之與之
耳目相接俾書其事有偎斐然時中和四年
六月五日記 [illegible] 門十里長嬰塔明朝照
半夜風雨至滿山松桂香清猿啼遠樹好鳥
鳴虛廊塵土迹可濯胡[illegible]語[illegible] [illegible] 清晨
入古寺初日朗高林竹逕通幽處禪房花木
深山光悅鳥性潭影空人心萬籟此都寂但
餘鐘磬音 僧[illegible] 秋風落葉滿空山古殿殘
燈石壁間昔日經行人去盡寒雲夜夜自飛
還

壽聖院在常熟縣西十八里梁大同十二年置
爲頂山禪院治平四年改賜今額[illegible]

頂山之巔直上絶險怪篁奇木陰森蔚翠之中有瑞石湍溜陡不可窮極而龍母之塚神祠逶迆環繞其方邑民禱禳水旱曾不告召而十里畢至洞道紀元之初浮屠守常者能繇誦妙法蓮華經邑民陳氏壘其下爲庵召守常若持事之自是禳禱必應福在一方守常亮庵其下者不得其人則禳禱不効水旱相仍嘉生不遂邑民以爲戚逮今治平寺午縣大夫向侯因從之請命僧恵安越慶舉陞盍虔其方以迎民人歲時祈禱之誠夫寶巖絶境龍神之靈宅是以爲一方之福遇人而典莫浩誠之應効蓋不可輕已神之爲靈掌陰寂無形不可得詰而若依人以爲報其能不逆民之心以嚴香火之地以致誠於陰寂不可詰之間而爲民取福善之應蓋亦賢於無所用心而歎闕以待人者之爲也丁未春正

月承奉郎守尚書祠部員外郎充祕閣校理通判秀州軍州兼管内勸農事[illegible]

錢藻撰　興福寺新□□□記　常熟居海濱與
無大山縣依山之陽是爲虞山以瀕海之隅
也又名虞山以昔人虞治於此也山北行九
里號爲破山以鬬龍破山而爲澗也又北行
九里爲福山又北行六七里爲小山山之南
北相距纔三四十里名品不一矣又合而名
之或曰烏目山焉縣人往還以舟航爲安宗
視道路無不嗟苦者自縣至破山即有興福
寺又在破山即看頂山寺其路盤山山皆砂
石人迹不頻則榛莽爲之蔽雨暴至滑者
潦爲之梁昔之僧於興福者悼其如此累而甃
以甓之然自縣之北門以至興福之寺門而
已因仍待久未有以動心者今頂山宗□□
主懷素於自破山之雙塔甃之以抵頂山之
寺門始於熙寧八年之孟春成於元豐□年
之季夏雖以堅爲之必感向化之人而必更
五年易□□取古之治溝澮上有道川上有
路而道路不脩當責於任事者雖州縣之吏

時有欲意爲之而欲或無成亦又有其意而不得自任以爲責今懷素非徒能熱路而已又能建雙石塔以鎮逆衝之衝開西石橋以濟往來之民是能爲縣官之未爲者而以佐縣官之不逮吾其可以無書元豐三年三月日文林郎試書省校書郎守縣尉陳于記

慶安寺在常熟縣東一百里直塘舊名寶林寺淳化二年賜師苾蒭建

壽聖晏安禪院在常熟縣東北六十里許浦鎮始自陳朝禎明元年皇朝治平四年十月勅額爲壽聖晏安禪院紹聖二年僧智通始建鍾樓次以治室廊廡皆砌鼎新

永安寺在常熟縣東北七十里典於乾元間歲通二年易其號

塔顯德中得州符而鼎新之

靈寶寺在常熟縣東南塗菘一百二十里

淨居禪院在常熟縣西北八十七里舊尊勝禪院也始於梁大同二歲唐會昌廢大中初詔復天下精舍院復興廣順中錢氏有土僕射陳蒲憫其隳陋首出己財集群庶同作佛殿其後始獲禪子堯剗荒以廣其地端徑以闢其門 聖宋咸平六紀徧募豪族以重新之

李湛遊頂破二山淨居院詩

入門松桂深清氣生人心霞影迷窻綺花光照地金徵風起層閣初月升高林中夜寬自健蒲空鍾磬音

淨惠禪院舊仁王禪院舊經無今據碑修入云

在西北隅七十里

聖像院在常熟縣陸河　僧仲殊記　生民之欲者冨與貴而已冨貴知道
德稱爲君子君子所居鄉黨歸之是故博施
濟衆君子之所職也率人爲善君子之常分
也在西方之教謂之居士長者乃利益及物
因以爲氏故釋迦如來號刹利利氏謂利益所
及一刹土耳中國有大聖人作自太祖
皇帝至今天王推原開闢以來未有太平如
此之盛也化隆俗天下冨樂比屋可封餘力
閑暇人人得以講性命之宗究死生之本覽
罪福之要互相勸飭思所以因教而達于道
夫三教之用雖趣尚各異要之爲善其揆一
也佛法之盛莫如姑蘇白沙又居其上游附
海膏腴地力十倍朱君肱承父業起家稱爲
右族父某天資好善嘗遊陸河聖像院觀大
殿摧圯首施家財募衆興功嘉祐八年夏、

用成就熙寧初再造佛像未畢而終君能追
誦先志紹聖三年工畢刻石作記以告後來
紹聖四年十月雪川
空叟僧仲殊記
吳江縣雙林禪院在縣西一百二十里昔倪林里有寺
因湖漲圮壞儒林里始與建招提倪林之人
訟於有司時郡守曹公湲以其事上於朝遂
謂之
雙林
報恩禪院在吳江縣東北二十五里唐大中年僧文通捨
甲第而刱爲精舍釋迦大殿歲遠
屋弊慶曆間沙門圓覺繼重建
法喜寺在吳江縣東九里後唐長興元年統軍趙君之倡也始曰崇
福本朝
東闕今名

飛天禪院在吳江縣西南一百里（僧曇羲記略）云唐大中七年歲癸酉里民沈瑛捨莊第營之迄乾符二年乙未歲刺郡者始以狀聞詔下賜今額周顯德二年歲在乙卯始建殿宇塑立貌像香爐鐘梵蔚爲道場年禩綿渺名存實亡大宋咸平五年壬寅歲超師進道之外慨然纔莽市木召匠運斤奋土不歷數稔壯麗寶坊大中祥符四年辛亥歲重建正殿巍巍大壯屹若山立金碧丹艧煥赫顯敞云

無礙院在吳江縣松江之上（劉觀普賢應夢記）云西方有聖人懸隔山海在中州千萬里之外累數十驛不能通而學道之士秉心端嚴不入諸相一念踏起遂撫四海於俛仰之中矣予嘗過松江無礙院兵火凋殘寺之入於草莽者十九獨有普賢一堂像設中峙丹青輪奐之飾燁然奕問其故僧曰邑人宋郊者嘗禁此[illegible]

追福之地夢一大士戴華冠被珠珞秉白金
手執如意而翁豈導其前神清安儼蕭散如
平生不見留滯寘莫幽陰之態既寤嘆曰此
昔賢菩薩也於是敬信之心日以精進又圖
其像於家事之益虔道俗咸共瞻仰焉余聞
維聖人而後無死生之說鬼神之情狀人子
念親屬續之緣影響眛眛然不知其所之也
歸依佛祖薦拔請救援之火宅為清涼山出
之苦海為極樂國解六結為解脫門破十習
為無上道許佛化處示現神通起幽作匪捷
遡嚮高報無可疑者其曰如是請書其末紹典
二十年歲在庚午三月望日晉陵孫覿記

永福院在吳江縣地名八赤記

沙臺子戲畢孝士書以皆足

以成佛況乎發心處懺勤苦功用以是因緣
而作佛事利益一切衆生則佛之道豈難乎
哉平望之北六十里有墅焉曰八赤前衛洞
庭太湖旁連震澤甫里魚稻之美商旅舟檝

之所趨會沓處聚落殆且百家其民淳而樂業日以遷善衆夫合耦以相勸幾於上古之遺風舊有精廬中更煨燼僅存遺址比丘宗淵即其所處爲接待院延迓四方雲水之客若見若聞皆爭捨施貧者出力富者出財巧者出技皆捨所愛及諸結集說用有求之門方丈堂宇庖湢皆易新之嚴麗潔精具足衆妙爲往來者駭心動目之觀院其費以告具石請記之爲書其略云紹興二十一年八月日右承議郎差權通判秀州軍州兼管學事

李持記

并書

殊勝院在吳江縣地名平望草創於崇寧間時丞相蔡京適朝道由平望因觀寺僧書華嚴經僧以寺額爲請蔡問書經至何品僧云至殊勝功德品蔡笑曰當以殊勝爲額已而蔡當軸遂得殊勝勅額寺有僧誦金光明經深得三昧日課一至二

部人竊疑之僧有頌云我誦光明經自得三
昧力舉起便周圓何用高聲覔一日三百遍
口輪猶未具見者總
生疑我自心堅實

郡志卷第三十六

吳郡志卷第三十七

吳郡范　成大　撰

縣記

吳縣在府治之西三里廨宇紹興二年知縣蔣結建縣門淳熙十二年知縣趙善賞重建行書額廳之西有平理堂無倦堂堂之西有延射亭天聖七年知縣徐的建亭之南北各有小山有小亭南曰松桂北曰高蔭皆淳熙五年知縣趙不悠建吳令壁記二范成大又爲續記一甚

代氏姓猶可考云　唐大理評事梁肅廳壁記　在春
秋時列國各有屬邑其主
者魯謂之宰晉謂之大夫秦時天
下始置令長宅一同之內操賞罰之柄有人
民焉有社稷焉風俗善敝本乎身黎元安否
繫其政其體大矣自京口南被于浙閩望縣
十數而吳大國家當上元之際中夏多難衣
冠南避寓于茲上參編户之一由是人俗舛
雜號爲難治加以州將有權兵按部之重邑
居當水陸交馳之會承上撫下之勤征賦郵
傳之繁倍百它縣務乎其中不可勝紀大曆
十一年天官擇可以長民者於是范陽盧公
縣太原府祁縣令爲之外寬內明敬事而信
政本於仁飾身以文下車三年闔境之人安
居樂義而不知安樂之所從來蓋平以和也
夫君子立身論道之通塞不論位之升降累
縣下幾服一等公俯而爲之抑遷部爲官擇
人而其履道從政所由然也予知者敢録其

寶書于東序以播其令聞時十四年十二月甲子翰林學士梁肅記此記得之燬寺中若其姓名則不復可考矣

郭受記

欧今天下經界之所資百貨之所植東南其外府也度淮而南濟江以東會府且十附城且百而田疇沃衍生齒繁夥則吳實巨擘焉予嘗登靈巖之巔俛而四望畎澮脉分原田碁布立亭之間萑以機械汨泇之濱環以芰楗則舄鹵磽确變爲膏澤之野蘋藻葭葦蟹爲秔稻之陸故歲一順成則粒米狼戾四方取給充然有餘出乎胥口以臨震澤積水無涯兩山對峙桑田翳日木奴連雲織紝之功苞苴之利水浮陸轉無所不至故其民不耕耨而多富足中家壯子無不賈販以遊者緜是商賈以吳爲都會五方畢至獄市雜擾搢紳以吳爲樂土僑民閭里冀亞京輦爲政者急之則怨而騷緩之則弛而肆夫然而多容則請謁紛紜幾至於亂法毅然而多拒則謗詈叢集必困於

遊談宰字之任信難矣右通直郎許君來領是邑直方不撓有毓讓之風簡易無苛得謂縣之術蓋嘗急於豪猾緩於善柔整其大綱闊其細故爲之期年而縣告治元祐六年霪雨敗稼吳民阻飢君日尉耤而拊循之賑給務均卹隱求實不事虛譽而爲文具也予以是知君之篤於從政也舉茲以旃則其於整剔弊而應盤錯也何有焉水災之明年君且代矣乃悉求前爲此縣者之名氏爵里將書而刻諸石顧其役郭受曰吾爲是俾來者有攷焉爾子爲我序諸辭不獲命因槩叙吳風而毛舉君政之一二許君溫陵人世爲學家甚侍而文異用顯用於時嘗不獨以循吏稱也元祐七年五月初一日縣尉葉河璿溝洫

亨受撰

乾道三年[illegible]記

吳令壁有記詢矣唐大曆已來梁肅爲之詞者今盧宗旅立石亡而文傳　本朝元祐壬申郭受爲之詞者令許公輔所立石雖存而中更兵燹矣

裘無裘後七十有六年晉陵袁君祖忠政成將歸始治二石更刻之又斷自建炎以下爲之復記寶乾道紀元之三祀歲在丁亥距大曆垂四百年而題名三立粗望可攷吏民以大爲盛事然吳之爲壯縣固自昔志之氣俗之熾生聚之繁覽觀之勝著于二碑者自若獨官事搶攘日不暇給必出於甚艱而後能善治視昔頗不同者非特吳爲然余行四方所過縣邑數十百見大夫皆猒苦其官齋咨太息悔鄉之來而憂簿之不得脫余私惟其說甚哉何至於此及切磋究之使一二其詳則曰古吏憂民而已今顧不然蕞爾邑負責猶數鉅萬晝夜薄遽唯錢穀之知且不能報一期會有如一日始舍是而用力於民又崇朝百適滿矣彼齋咨太息歆苦而欲脫者直有味其言哉今夫急催科則愧政專撫字則愧考兼善之誠難若袁君蓋幾於無愧者其政先理而後情設例而畢法故吏不能並緣士不

敢奸以私民有訟自揣不當勝望寺門心辭郤去直者家居若擁闥無應謁吏明府自辯此坐堂上再期人信之如一日卒於大官之間須求於不肯責譯於非辯則又從容辨給弗以厲民率常最於他邑嗚呼可謂難也已旦莫去此至大官勢益易於爲辯其所成就何可量按續志所登載無慮三十人而未有顯者必將自袁君始嘗余言擔信來者尚勉之　八月十五日左承議郎主管台州崇道觀范成大記并書

延射亭在縣治中天聖中縣令顧洲觀察支使梁允成所作自監郡而下皆集而射之極一時賓友之勝觀章珉所記足以想見當時州縣仕者之寬舒云

章珉記　胥臺故封爲一都會郡領五邑吳實首之通

皇之封五品之令■幾歲限以常調治縣中銓
是將赤子奉其吐如盜國家精求治本重字人
之寄近制銅墨之任關即以京僚涖朝列或
慎實以補之先是縣署占勝邇于闤闠綿歷
歲祀梁木將壞乃有前宰蘇寺丞徐君纘業
之圬湿訖功修符罷去則今南越郡討馮君
寔代之也君一世襲衣纓練明吏術下車未幾
政用佳茂硒因聽訟之隙周覽廨舍患無清
曠之所得袁燕息之娛縣之西偏舊有幽圃
俯于鄰舍并吞殆盡君披圖按籍命工芟除
疊繚垣以入之繇是鏟平其基而歸然為亭
雲集板築而崇乎爲翼蔭以佳木之清畦以
雜花之英穿沼以類滄溟築山以擬蓬瀛五
畝之地百步之逕而嘉致足矣君衆藝畢給
愛客忘疲每醻篇絕韻籌領多暇春華爛而
在目暑風吹然瑟扇齊英壁砌冬霞集檻君
賞心樂事舉鮮為具召賓介公子司僚諸英
注弦管以引觴醲燕嘗以度曲賽百嬉之措

矢爭半先之奕路中圖出乎豐饌而千里之蟲下鼓雕盤薦乎佳賓而虎山之橋壓蒼白日督過醉賓來去觴已見跋主歌未晞雖洛中之季倫山陰之辟疆咸有名園雅好賓侶吾不知其彼爲勝此爲劣也亭之既成命賓以落之監郡集賢公嘉乃好事隨其景趣悉爲雅名揭于華牓觀者知意此用略諸若君愷悌之政殊尤之績采風謠者入境可知固不在因亭以敷暢之也下懊不佞嘗從事於文墨請書締結之始謹用春秋之法異時宰是邑者集簪纓於斯登眺於斯惟其圖之天聖七年春三月二十有六日吳郡從事試芸臺讎書郎武寧張珢字伯鎮記

[illegible]高臺蕪沒曲池平十萬人家古縣城煙水雲山舁畫裏闔閭墳域舊都名

長洲縣在府治之北三里長洲縣分自吳縣首

唐以來爲名邑 本朝王禹偁嘗爲之宰賦詠最多邑望益高縣有茂苑歲寒二堂掬月蟠翠二亭

王禹偁記天下稱宰邑之賢者率以宓不齊爲稱首以彈琴化民民不忍欺謂得致理之要也殊不知行是道者不獨繫于人亦將繫于時矣當時皇室雖微皇經未絕有周禮在魯則單父豈曰亂邦有聖人爲師則子賤宜乎行道居百里之位得諸侯之權社稷民人自我而已井田車賦得均其輕重刑罰教令得濟其寬猛凶荒水旱得專其賑卹農時民力得聽其休息然則無私于心克儉于身辨田之腴瘠定賦之上下強暴者刑之以法老弟者旌之以禮寬其教以誘人峻其令以[illegible]時豐則斂之歲飢則賑之農有力而不奪役非時而不行閭之以庠序誨之以[illegible]使[illegible]于[illegible]兄弟友夫婦和

然後祭祀以享鬼神行賞予以睦鄉黨自然
懷土不歎[illegible][illegible][illegible][illegible]弗守其然而然也在上
者不鳴琴而[illegible][illegible][illegible]泊王道云亡霸圖孔纖
大小相併強弱相攻區區子男宗祊不保故
傳曰漢南諸姬楚實盡之又曰楚縣陳蓋縣
之始也秦併天下畫三十六郡則小國皆為
縣而隸于郡矣國之于郡猶身之有臂也郡
之于縣猶臂之有指也國取于郡郡取于縣
縣取于民是以臂指擁民而自奉也由是因
有暴賦丁有常庸春役而夏不休朝令而夕
必具小則懲之以殿最大則懾之以刑法豈
惟道不能行亦將身就其[illegible][illegible][illegible]宰邑者苟
祿食免笞罵而已昔人歎徒勞[illegible][illegible]去者為
是也向使子賤復生亦將捨琴折腰奔走不
暇況行道乎雖欲不顧其時不[illegible][illegible]力亦[illegible]
建一指而扶天柱不其難哉時使之然也長
洲之名見吳都賦貞觀中分吳縣以東之垂
二百年宰名氏縣誌闕焉錢氏享國幾一百

德尊建屬吏莫得而知　皇上嗣位之二載
漢南王歸于我國家始設官以理爲表仁鋪
首之王禹偁次之其土汙濕其俗輕浮地但
桑柔野無宿麥餅餌魚鹽衣葛服卉人無蓋
隅户無儲蓄祠祀非□好淫內典學校之風
久廢詩書之教未行兼并者僭而驕貧窶者
欺而墮田賦且重民力甚殫租調失期流亡
繼踵或歲一不稔則艱食盈庭不能輯事矣
至有市男女而塞責者甚可哀也蓋閭中夏
之政浸小國之風使令畢人求理于上庶官
陳力于下斯民之泰其有漸乎禹爵非循良
之才治凋瘵之邑仍以舊貫民安仰哉會到
任之明年大有年也先是司漕運者轉民歲
租吏送他郡者舟環之役棄堰埭之費者久
矣至是始聽民以本屬郡輸之從便宜也亦
小康之有前矣是歲獄訟寖繁賦調中者因
矯斂民瘼乎叢政體總而列之存諸聽事待
貧者以舉之所謂言而不能行者也時大宋

雍熙三年正月九日守大理評事知縣事王禹偁記此記兵火不存紹興十年知縣石理重刻石吳騏隸書宋[illegible]祐寶長洲令尹石理瑩中才高氣剛嗜古好雅下車既久政成事簡蓋牛刀割雞游刃裕如者邑廨之東有所謂茂苑堂前人取左太冲語帶朝夕之濬池佩長洲之茂苑意也考之圖經即江爲池距縣南七十里多歷年所高岸爲谷無足深惜訂之於古莫可得實視棟楹之顛圯乃鳩工而亟新之堂之南榮植以嘉木脩竹奇芳蕙草蔚蔥吐秀而森然繁陰如在丘壑邃深處與堂相直曰百花亭即堂之西爲建屋曰尊美堂其北龜首曰維摩丈室北向築群石如巖谷曰緑野軒又南開竹逕曰緑筠庵皆增廣而揭以是名琴書雅玩陳列丁中客至則閱古賞奇試茗烹飲必與之從容竟日怡然自適曾不少倦後之君子游息乎其上要當勿復剪伐加甘棠之愛顧不懿歟紹

興巳未季夏二十日襄陽米友仁元暉記本

又題坐看孤峭却勞神還是微吟到日曛松
鶴認名呼得下沙鷗飛處聽猶聞夜闌亦似
深山月雨後唯聞滿屋雲便此逍遥應不易
朱衣紅旆未容君

王禹偁長洲詩五首

移任長洲縣舟中興有餘蓬高猶見月棹穩
不妨書雨碧蘆枝亞霜紅蓼穗踈此行紆墨
綬不是爲鱸魚。移任長洲縣孤帆冒雨行
全家隨逆旅一夜泊江城身出漂淪極功名
早晚成惟當泥尊酒暫任浮生。移任長
洲縣窮秋入水鄉江涵千頃月船載一蓬霜
竹密截魚市雲踈漏鴈行故園漸迢遞煙浪
白茫茫。移任長洲縣辭親淚落衣折腰雖
未晚搔首欲何歸曉月霜華重晴山栗葉飛
江頭鷗鳥在應怪不忘機。移任長洲縣沿
流漸入吳見碑時下岸逢店自微酤野廟連
荒塚江禽似畫圖高堂從別後應夢宿菰蒲

春日公舍偶題

薄宦苦流離壯年心力衰鶯

花愁不覺風雨病先知曉月晃竹屋寒苔疊槿籬無人戀山家庭柳自低垂

長洲道興　七

十浮生已半生徒勞何曰見功名折腰米賤堪羞死負郭田荒男力耕度鶴慣侵孤坐影驛雞應信夜吟聲不來更待賢良詔咫尺松江未濯纓○妻兒莫笑甑中塵只患功名不患貧自覺有文行古道可能無位泰生民歷村舊業勞歸夢雪屋孤灯照病身投老緑袍未休去九重天子用平人

楊備

太湖東西即長洲臨水孤城遠若浮雨過雲收山潑黛管弦歌動酒家樓○花光帶露柳凝煙茂苑笙歌已沸天有客尋春狂一醉青樓紅粉洞中仙

蟠翠亭仲并建呂存中重修

吳頤記

中國呂君宰長洲之明年行受代矣一日公退吏散約客相羊縣治之圃時屬初夏紅紫事休宿雨收霽新緑靄然

林采煥發釜葉左右二并列餘花錯莖如綴珍
珮有風徐至芬香襲人乃命酒坐蟠翠亭上
君指掛間仲公蒨性之詩有云穆被密葉翠
虬蟠者曰名以是爲花故也余居此之日久
矣率夜漏未盡五刻起視專漏下五六刻猶
不得息契懷惶愧於簿書期會間領略于此
蓋不一二數也適少間拾餘材爲支其將傾
葺其甚弊朽腐則新之敗蠹則墁之亦不欲
以將去而忽其事焉方此佳時一杯相屬客
盡盡歡於是楚太史龔養正使折花循坐起以
酒屬君辜曰夫草木之生其性也遂深山大壑
清曠廣莫春敷秋隕付樂乎自然亦復何
有不幸而爲人愛者驕而玩之穀植羈揉揠助其
長而人方以爲累而害要非其性分也亦
志於用小而小大而大莫得而遂耶達者視
之猶像孰先於權柄孰貴孰賤於蘭蕙邪抑
余聞聊寓山林中此事如何禦城蘇公詩半
垂野水屏不禁塵土長歌易無歎等語槩可

想見君賢者後[illegible]法周旋州邑老益更
事且有用於時[illegible]其私且不可得若余
者其得遂食生[illegible]時謹記前後二公之詩
見此花焉一笑[illegible]遂書以記之時淳
熙戊戌四月上澣也

先賢堂在縣治淳熙九年知縣曾粟求王元之
像於虎丘繪之堂上其詳見於郡人黃由之
跋　長洲爲縣唐萬歲通天中至于我朝雍
熙元年翰林學士王公禹偁字元之濟
州鉅野人寔東來宰長洲秩滿爲左正言直史
館公自叙其時侍親而行始蘇名邦號爲繁
富魚酒甚美觀年方踰背順子於蕭蘭前多自
樂者形之於詩見之家集至其論諸酒榷遺
賦民無窮之害則憂深思遠反覆嘆之爲[illegible]
壁記則欲激其風俗遷於教化抑兼并而哀

疏亡所謂鳩歛民瘼訐議政體以待後人其言皆廪然是知公九所以爲詩者其言皆不苟發也惟公首倡斯文濟之忠直全名大節見諸國史如廬陵歐陽公眉山蘇公豫章黄公皆嘗追述爲詩賛揚其推尊自是公之言論風烈在人耳目表表愈偉後公垂二百年令今曾若德賁來亦將終更顧縣治之東堂壁間有公之子嘉言所叙題名記繼往來之詩與踵武之歎讀之慨想因求公像于虎丘寺繪之堂上而扁曰企賢併刻三公之詩賛于石高山景行用志則深異時永陽黄岡之祠冠佩陸離以儀以瞻並峙相望足以使有識歆聳起敬慕矣淳熙九年十月一日邑人黄由記龔頤正書

吳江縣在州南四十里主簿廳在縣之西

廳壁記余同年太常君炳儒主吳江縣簿之三年既請於府縣以剏治舍又即其西作堂

三楹爲退食之所規制庳密不稱不隆榜之
曰會程以禮部尚書贛川章公掖中書舍人
信安程公俱嘗爲此官示尊賢也且屬余記
之余幼侍先君獲拜二公席益知其文章議
論軒輊一時在京師已嶄嶄有人望曾公既
登華近而程公亦賜第擢館閣遂爲中興第
一流先後典內外制渡江文物追配中原二
公有助焉其去此雖遠而流風遺迹猶或可
攷詩友人啄鑑傳之矣炳儒行終更去一
帝書入究範門諸公當爭挽致之由西垣入
此扉丹青帝謨鼓舞群聽則於二公何羨絳
然孔子之贊賢孟子之論豈其尊德樂道之
風可少廢邪後之君子將有取於斯文乾道
三年四月朔日贊皇李彥全記范成大

玉澤廳記州縣之任古謂之官遊豈直以斗
升易農而已哉名山大川雄尊奇秀之境從
事其間是以窺覽而昌神明古之君子固
有樂乎此矣淞江太湖水國之勝當天下第

一四方好事者想像其處欲至而無繇會行舫東南士大夫假道以奏名場與夫商賈百族擢船而逐利者彌驅相摩此其人皆有所期會嚻呼爭先亂次以濟終夜洶洶舂聲其勤豈能少留而一寓目是雖有過乎前而與未始至者奚辨余家吳門葬蒼在望又無聲利之馳之役宜能數遊而躬耕作書正爾少暇日私念誠得築室葦間卜隣三高以朝夕於斯吾樂可勝計邪乾道丙戌八月既望閒從容汎舟垂虹主縣簿高君炳儒適新作治所落其成余與觀焉蓋自始役至是財七十日而閈閎高明廳戶靚深髹績甓甃皆中度程既聚廬之百須無一可恨而爲之讀書之齋休坐之堂脩竹紛圍光景藹然所謂垂虹者乃在其旁數十百步耳夫出有江湖之趣居有清燕之適此固古之君子官遊之樂而余素願朝夕於斯而不可得者炳儒之職會計當而已無催科敲扑之煩奉命將迎之勞

而有可樂者如此於是求文以爲識余聞漢
髙士不爲主簿孫子顧徙舍而有喜色士未
遺隨所遇而安其可愧者不在我也炳儒有
文學行誼而不畀其官又作意而新之覺祭
竈請比隣有加焉其志固未易量姑爲叙其
所可樂以告後之賢者使共之明年二月一
日順陽范成大記并書左迪功郎平江府
吳江縣主簿主管學事四明高文虎建

吳郡志卷第三十七

吳郡志卷第三十八

吳郡范　成大　撰

縣記

常熟縣在府北一百五里[illegible]名記常熟爲縣其來久矣舊爲毗陵郡南沙縣至梁改爲常熟自梁歷唐由唐迄于僞吳幾數百年前尹是邑者姓名莫或紀録故不得而考本朝太平興國中錢氏以圖籍歸于京師始於縣令蔣文懌至元豐初知縣宣德郎劉楹求得其姓名凡四十有二人列之板牓置于聽事之角自此來尹者至則書之觀其間相繼登金門上玉堂儀羽臺閣正途樞極蓋翩翩焉未見其止余因承乏慮板蹟不足以久傳於是命工鑴之于石立于廳之左闕者補之庶爲不忘爲之傳宜觀名列以

勸方來俾一斯邑者知夫儒之效愷悌及民福延百里庶幾乎刻石而無愧也紹興二十一年九月魯國曾幾尉記

順民倉常熟縣倉也建於治平二年記於熙寧元年

咸淳常熟縣志之順民倉記

治平二年河內向侯作新倉成常語予其始終曰吾至之初見太守永川陳侯庸未幾陳侯曰常熟大縣也考其民版之數至四萬戶歲輸之粟至八萬石有倉汙庳迫窄纔容四分之一濱江之民遠者百里水浮陸走棞載而至倉或既盈則累數夕而不得輸于州又病其遠此一不便職是歲常散蓄于浮屠之居廊廡皆藉蓋藏弗謹塗暨弗完得無有以誨盜哉此二不便蓋遲君之來也久矣君亟圖之君退而自惟倉廩蓋今天下郡縣之先務京師兵糈祿廩之出入一皆仰給於東南茲又

爲東南之劇歲入之粟它郡莫加厚焉吾邑雖不腆其敢後其所先務邪矧其弊又如此之甚宜陳侯有以告吾也及吾視事之日見吏民問其所疾苦亦爲不便者凡幾然而獻計者又皆不出吾陳侯之議也於是訪縣方卅得隙地數十畝以營築焉始召民而諭其所以作之之意民旣病此久矣莫不奔走以聽命咸願治材于家請期日合衆材以成之旣而至期倉遂以成予謂二侯皆能以材名于世所至莫不著見風迹至於興利去害便民皆其所素畜需然而有餘夫以沛然有餘之材相與協謀治其因民所欲之役其成也宜其不勞而功多其談曰順民蓋得之矣若夫世之從政者利害較然居前畏謗忌讒謂謂然不肯一日出其力則有諉曰愛民斯不遠哉夫愛民莫如古人古之人有爲豈天作而地生哉亦出於民而已耳姑視利害之如何豈顧可否二而不爲邪曰愛民哉此大不然

昔者子產嘗以其乘輿濟人於溱洧孟子謂
之惠而不知為政凡以此也向侯亦以予言
為然因刻之于石俾來者考焉時熙寧元年
三月十一日將仕郎前守沂州臨沂縣縣令
所淑記宋僧宗熟賢詩遠通江堤傍海綿莊
杭多是兩來船縣廷無訟郊閭富歲歲家收
常熟田淳熙元年邑令陳映再為記屬龔頤正
為之文上方駐蹕臨安於時吳門視周畿內
漢三輔唐同華我舊京之陳鄭也衣
冠之所萃集甲兵之所雲萃一都之會五方
之聚上腴沃壤占籍者衆雖前代與全盛時
猶不可同年語府邑之事宜其倍稱況乎府
庫之出內獄市之浩穰蓋不待較而知者環
府之邑五而常熟居其望焉時主客以戶計
者八千九百七十有二而今五萬一千一百為
州八夏賦金錢為緡二千八百其幣帛疋
萬三千六百而奇弗詳秋糧穀粟七萬六千

斛斛乃今折帛爲緡者十萬二千三百而斛
賦損其舊二千邑之事其倍稱何如哉今其
邑從事於民者如是而邑復瀕海道直故疆
沂客萊全齊衣望剌利規帆舟師所宿則實
居今日之要害風檣連林夜霆震海資糧畚
萬以日饋給營繕百須以時調度猶有不至
責且之興若民兵之事又如是重以府所倚
集月四大萬版籍輸委風雨寒暑不渝比爲令
者持或不濟貸糶援劾而去者項背相望也
則壁記之不列何以爲警朝夕庸少情乎陳
映不復爰來亦既年所事定得間始閱次中
興以來爲令者至映人名氏授受月而日之
鏡石壁端以告來者噫令秩比京寺月奉逾
二萬稟逾四斛歲入圭田真過六百石其願
一己之利害去就而不思其責之塞將不特
能禍其身千室之邑亦必有受其弊者矣而
某其敢墮今吾邑之人或知某不敢墮也
率以淳厚簡孚交相爲治儻如是得日庶乎

列名下方其無屬若夫邑之望則有巫咸所止之山太伯所葬之墟言偃所居之里龔景孝所表之閭其風俗之美猶或可槩見而邑之升置凡附於府者有職方氏在故不記記其今昔之同異云

崑山縣在府東北七十里

補註題名記　崑山秦婁邑也天下壯哉縣五季雲擾四方基於兵吳越雖保有所覆然詩書仁義之事尠焉　國家文經海内始嚴令守淮海王以版圖歸時邊公儆治吳最首賜璽書褒徙以來尚旄頭紫微間能即學立夫子廟北門王公元記之故此地翕然趨於文至今好學而知禮尚孝而先信乃有昔之流風焉亶岸海江彙曠沃衍者數百里一山巍然惟石錯立井井闤闠間又有室屋沐壑之勝士大夫自京都來官者樂之觀遊[illegible]歌未覺身遠其歆豔者至合當寺賦[illegible][illegible]之

詩繇此以相以補小却言語侍從之班踵相躡道而其其意依然于是二百年間風流緼藉續續可紀又建炎間虜獨不侵搢紳北來樂其土風而居之官遊閒多勝事益號佳邑蜀歲縣計處夷須入者聞其名相與駭汗若蹈甚畏豈先後難易若是不同耶亦有術限量之哉異耶不然則今之所謂不足非古所病耶曷其趨違異見如此漢之郎官上應列星出宰百里晉之舍人洗馬妙天下選然不更長吏不得爲臺郎今天子重字民之官褒庸旌善使觀瞻者以爲榮願力所底爾因仍規畏其可哉子強至之踰年勞於耳目思慮之外廼習然而嘆信學力之未至則諏諸前人以矩範焉然所傳止自崇觀間益稽史諜碣識得自雍熙以次五十有六人序而鑱之石尚俾來者知前輩優游庶幾勉之淳熙丙申六月縉雲葉

子強記并書

嘉定縣在府東北一百四十里嘉定十年置〔補〕

省劄　朝請大夫集英殿修撰知平江軍府事趙彥橚奉議郎提舉兩浙西路常平茶鹽公
事葉權提點刑獄公事王棐奏照對平江府
管下五縣其境土廣袤無如崑山而頑礦難
治亦無如崑山詳致其故蓋崑山為邑一十
四鄉五十二都東西相距幾二百餘里縣治
以遷就馬鞍山風水僻在西北故西七鄉與
官司相接稍稍循理自崑山縣治東止練祁
七十里自練祁止江灣又七十里通計一百
四十里其間止有商量灣楊林兩寨又皆不
足倚仗故東七鄉之民憑恃去縣隔絕敢與
官司為敵不奉命令不受追呼毆擊承差毀
棄文引甚而巡尉會合亦敢結集千百挾持
器仗以相抗拒自此習成頑俗莫可誰何其
害有三爭競鬬毆燒劫殺傷罪涉刑名事干
人命合行追會不伏赴官至有經年而不[illegible]

決者此獄訟淹延之害瀕江旁海地勢僻遠無忌憚之民相率而爲寇公肆剽掠退即窩藏殆成淵藪此刼盗出没之害豪民慢令設次難差間有二十餘年無保正之都兩縣官物積年不納只秋苗一色言之歲常欠四萬餘石其他類是此賦役扞格之害有此三害崑山遂爲難治之邑其來非一日矣蓋縣方百里而兹邑廣袤倍焉以一令臨之制馭必有所不能及養成頑惡亦其勢使然昨於嘉定七年準 尚書省行下備白劄子陳乞欲於練祁市添置一縣本府已嘗委長洲縣婁主簿吳縣丘縣丞兩到練祁相視利害據各官所申亦以爲合置一縣但恐有起蓋廨宇等費且先添置一尉然東七鄉之頑根深蒂固決非邑尉之卑所能聳動察其理勢莫若置縣之爲利便今斟酌事宜欲割崑山西鄉之安亭併東鄉之春申臨江平樂醋塘凡五鄉二十八都别爲一縣就練祁要會之地置

立縣治以嘉定爲名所有東鄉惠安新安湖州及西鄉朱塘積善全吴澤川武元永安凡九鄉二十四都仍屬之崑山縣所有其他張官置吏事件並欲照紹興府新昌縣處州慶元縣創置一般體例參酌續次申請施行如蒙　朝廷施照事祖特從今來所乞庶使近畿之邑無不率化之民寇盜可弭賦役可均於公於私皆有利益實郡縣幸甚十二月九日奉　聖旨依仍令浙西提刑司平江府條具合施行事宜申仍公共選辟清彊有心力之人充知縣一次

吴郡志卷第三十八

吴郡志卷第三十九

吴郡范　成大　撰

塚墓

吴太伯墓　吴越春秋云太伯卒葬於梅里平墟梅里今屬常熟縣又史記正義引括地志太伯冢在吴縣北五十里無錫縣界西梅里村鴻山上去太伯所居城十里吴地記又云太伯塚在吴縣北去城十里未詳孰是

吴王闔廬墓　在虎丘山劍池下吴越春秋云闔

闔閭葬於國西北虎丘穿土爲山積壤爲丘發五郡之士十萬人共治千里使象摙土鑿池四周水深丈餘銅槨三重澒水銀爲池池廣六十步黃金珠玉爲鳧鴈扁諸之劒魚腸之千在焉葬之三日金精上揚爲白虎據墳故曰虎丘越絕書云闔閭冢在閶門外虎丘下池廣六十步水深一丈五尺銅棺三重澒池六尺玉鳧之流扁諸之劒三千方圓之口三千盤郢魚腸之劒在焉發卒十餘萬人築治

之葬之三日白虎居其上二說略有同異顧
墳丘中事又古今遼絶無所考驗今兩存之
餘見雲巖寺及往蹟冢墓攷證等門詩惜哉
吳王墓秦帝嘗開似應笑埋金玉千年賈爲禍不待虎跡消已恨鮑車過又是驪山頭炎
炎三月火

吳女墓在閶門外闔廬女曰勝玉王與夫人及
女會食蒸魚王前嘗半而與女女怒曰王食
魚辱我乃自殺闔閭痛之葬於國西閶門外
鑿池積土文石爲槨題湊爲中以金鼎玉杯

銀樽珠襦之寶送女乃舞白鶴於吳市中令民隨而觀之使男女與鶴俱入羨門因發機以掩之殺生以送死國人非之又取土時其地爲湖號女墳湖吳地記曰吳王葬女取土成湖皮日休女墳湖詩萬貴千奢已寂寥可憐遺憤爲誰嬌須知韓重相思骨直在芙蓉向下消陸龜蒙水平波淡遶迴塘鶴殉人沉萬古傷應是離魂雙不得至今沙上少鴛鴦

齊女墳在虞山吳太子娶齊女女思齊而病將死曰令死者有知必葬我於虞山之巔以望

齊國闔閭傷之如其言葬虞山之巔（吳越春秋）

吳王夫差墓在陽山越絕書謂越王棲夫差於餘杭山去吳縣五十里即今名陽山越絕又云夫差冢在猶亭西卑猶之位近太湖越王令干戈人以一塿（力主反）土葬之吳越春秋云夫差既伏劍越王以禮葬之秦餘杭山卑猶宰嚭亦葬其傍史記正義夫差棲於姑蘇山轉戰西北敗於干遂（干遂遂名一作隧）在蘇州西北四十里萬安山有姿山

夫差義子墳一十八所在秦餘杭山東吳地記

巫臣冢即申公巫臣也郡國志云在匠門西南

亦曰巫門

干將墓在匠門外干將與歐冶同師其妻曰莫

耶吳王使鑄劍二千將匿其陰王殺之吳地

記曰匠門本名干將門門外有干將墓後語

訛呼爲匠門餘見土物條

要離墓在閶門外金昌亭傍

專諸墓

吳孫王墓在盤門外三里政和間村民發墓塼
皆作篆隸爲萬歲永藏之文得金玉瑰異之
器甚多有東西銀杯初若爛花良久化爲腐
土又得金搔頭十數枚金握臂二皆如新并
瓦薰鑪一枚與近世陸墓所燒略相似而箱
底有灰炭如故父老相傳云長沙王墓按長
沙王即孫策又恐是其母若妻墓郡守聞之
遽命掩塞所得古物盡歸朱勔家洪芻香譜
亦略載此事郡人獨孤變爲詩序其事爲詳

但直指以爲堅墓故有高陵之句按史堅自葬曲阿紹熙辛亥提舉常平張體仁始加考訂以爲孫氏疑墓詰從鄉人謂之孫王墓又命郡人舉賢良方正滕宬記其事復以史致之定爲孫策所葬與世俗長沙王之説稍合今皆録之

楊友夔

闔閭城南荒之丘昔誰葬者孫豫州久無過客爲下馬時有牧童來放牛居然珍寳出光恠識者夜見躍其由王環金盌到城市土花不蝕餘千秋州家廳問亟封守賊曹掩骼窮姦偷已知其中有可欲亦恐未免無窮憂當時義師奮四海少日已無袁與劉英雄異世凜如在暴露無乃爲神羞人生浮脆無可料螻蟻烏鳶從所

來尚陵勸尔一杯酒自古南山能錮不得其

吳孫王墓記云出盤門三里有高塚或得其孫王墓也又曰孫氏長沙王也或傳其先世冢塼有文在側曰萬歲永藏問其傍老人曰之說盜嘗發取藏金玉未竟敗獲有碑已斷缺不全止辨有中平年三字復掩之後郡置窆其旁取土爲塼塡號官窯後又以授民田牧其上前常平使者翔叢冢建齋廨院與孫墓相附近院甫成會徙他官將去職一日始得其事立命其屬表之爲之表者不暇詢考題曰先賢墓今使者以爲失事實不可示久遠即命吳縣主簿劉允武訂其事乃具條所得冢旁老人之言以報屬宬記之按陳壽志長沙王字伯符受漢爵爲吳侯大皇稱帝追封長沙宬王而其子紹嗣封于吳此墓當盜伐時有揚方藝舜部者作詩弔之乃以爲孫破虜墓陳壽志破虜薨葬曲阿務詩固已差謬則所傳長沙王者儻是按中平元年朱

雋表破虜爲佐軍司馬討張角楊蓋據碑有中平年字故定以爲破虜而不攷其史江表傳載破虜爲雋佐軍留家壽春長沙王方十餘歲已能與知名士交周瑜自舒來壽春勸王徙舒則碑之所稱或爲王也又壽志及裴松所補孫氏自破虜而下皆出所葬地獨王不言葬而王之薨其將周瑜呂範皆赴喪于吴至大皇始用張紘計自吴徙秣陵則王之葬當在吴也然碑今既不存欲訂而表之其傳疑曰孫王墓者從俗稱也舜韶序其詩又稱盜所得冢中物有東西銀杯金搔頭金握臂瓦薰爐中灰炭猶存其物皆歸朱勔家寶政和丙申也前使者姓詹氏名體仁字元善今使者姓徐氏字子宜紹熙三年三月日記

漢丞相陸烈墳在餘杭山東二里吴地記

山陰縣令陸寂墳在陸烈墳東二里吴地記

皋伯通墳在胥門外今蹤泯伯通墎吳地記

梁鴻墓在金昌亭南皋伯通以要離烈士梁生清高因附葬之吳地記云在太伯廟南與要離墳相並陸龜蒙云伯鸞墓在吳門金昌亭下幾一里嘗作文以祭焉龜蒙曰云先生爲五噫之歌漢天子聞而病諸南走乎大江之波客皋氏之宇下志沉潛而靡他自吳糳以舉曰夫人之勤亦多不懷王於將沒適乎道之無頗比要離之烈梟冢雖夷而不磨嗟余後先生之千祀聊奉奠而來過俯灌地而抑語顧先生之謂何心褊性誕客他之宇下不得效力耕而自獲所以法先生之義庶五噫之可學

漢陸績墳在閶門外太伯廟西吳地記

晉顧和冢榮之姪

張翰墳在横山東五里吳地記

門下侍郎陸雲公墳在横山吳地記

侍中朱桓墳在横山吳地記

兵部侍郎石崇墳在吳縣西六里吳地記

黃門侍郎潘岳墳在石崇墳之西北吳地記

上將軍顧榮墳在吳縣東南一十七里吳地記

偏將軍步騭墳在吳縣西北三里一百步有碑吳地記

將軍袁山松墳在横山二里吳地記

江纂墓江逌子也木瀆孫起卿頃於天平山下地名上沙獲斷碑乃以大方塼刻之字畫僅存與石無異[illegible]劉家有古塚碑近自田家獲藏之五六年未甚見省錄古苔侵文理紺結殆莫識偶然嗟歎一一爲磨剔始若彂無文細尋適可讀文云晉江纂長夜垂茲刻貞石[illegible]不用塊然但與壇合葬無別銘背面書反覆一字不涉華李枝記明白二父遂兼書於逌乃宗嫡誌云養[illegible]諡本文逌也考諸晉史篇章是小出入字畫亦嶮勁然不類鐫斷漢魏尚豐碑尒獨何褊迫豈時丁喪亂不暇如品式于時義熙季歲次實庚戌五胡剖中原典午竄南極苟簡理宜爾寧詎不孝責審訂既恥然辰去喜自適歷年七百

餘瞥爾駒過隙名節苟不傳埃化先瓦石寘茲當眼前用代銘凡席

梁顧野王墓在吳縣楞伽山下近越來溪紹興間其碑石雖皴剝斷裂尚巍然植立後爲醉人推仆石碎于地今尚有存者又吳地記云在横山别隅平地不起墳

唐陸象先墓在光福山西土人皆能指其處

綽堆在崑山縣西數里相傳爲黃幡綽墓又云村人皆善滑稽未詳也堆字本從土從自從文避御名改焉

陸龜蒙墓顏蕘誌其墓吳子華爲祭文曰觸卽碎潭下月拭不滅玉上塵摭言

吏部尚書姚紹之墳在吳縣南五里一百步吳地記

真娘墓在虎丘寺側雲溪友議云吳門女郎真娘死葬虎丘山時人比之蘇小小行客題墓甚多唐擧子譚銖題云虎丘山下冢纍纍松栢蕭條盡可悲何事世人唯重色真娘墓上獨留詩白居易真娘墓虎丘道不識真娘鏡中面唯見真娘墓頭草霜摧桃李風折蓮真娘死時猶少年脂膚荑手不牢固世間尤物難留連難留連易銷歇塞北花江南雪李紳詩序云真娘吳之妓人歌舞有名者死葬武丘寺前吳中少年從其志也墓多花草

以蔽其上嘉興縣前亦有吳妓人蘇小小墓風雨之夕或聞其上有歌吹之音詩云一株繁艷春城盡雙樹慈門忍草生愁態自隨風燭滅愛心難逐雨花輕黛消波月空蟾影歌息梁塵有梵聲還似錢塘蘇小小秖應迴首是卿卿 王禹偁 女命在于色士命在于才無才無色者未死如塵灰虎丘真娘墓止是空土堆香魂與膩骨銷散如黄壤何事千百年一名長在哉吳越多婦人死即藏山隈無色故無名丘冢空崔嵬唯此真娘墓客到情徘徊我是好名士爲爾傾一杯我非好色者後人無相咍 楊備 冰肌玉骨有遺妍粉作嬌雲黛作煙知有香魂埋不得夜深巖底月中仙

范文正公祖墓在天平山三讓原曾祖夢齡舊名徵夢避　皇朝諱改今名事吳越終蘇州

糧料判官祖贇貫時童子出身終祕書監父墉從錢俶歸朝終武寧節度掌書記天平吳巨鎮周遭十里石山而上穴人以爲范氏慶源云〔補註〕

吳郡志卷第三十九

吳郡志卷第四十

吳郡范　成大　撰

仙事

後漢中散大夫王遠字方平既得道東欲入括蒼山過吳住胥門蔡經家經小民也遠以其骨相當仙語經曰汝應得度世然汝少不知道氣少肉多當爲尸解如從狗竇中過耳告經以要言而去經後忽身發熱如火汲水灌之如沃焦石如此三日銷耗骨立乃入室以

被自覆忽然失之視其被内唯有皮頭足具如蟬蜕也去十餘年忽還家容色少壯語家人曰七月七日王君當來可多作飲食以供從官至日經家乃借瓮器作飲食百餘斛羅列庭中是日王君果來未至先聞金鼓簫管人馬之聲及遠至舉舍皆見遠冠遠遊冠朱衣虎頭鞶囊五色綬帶劒黄色少髭長短中形人也乘羽車駕五龍各異色前後麾節幡旗導從威儀奕奕如大將軍從官皆隱不知所

在唯獨見遠坐爾引見經父母兄弟因遣人召麻姑亦莫知麻姑是何神也言曰王方平敬報久不到民間今來在此想姑能暫來語否須臾信還不見其使但聞其語曰麻姑再拜比不相見忽已五百餘年尊卑有序拜敬無階煩信承來在彼食頃即到先受命當按行蓬萊今便暫往如是當還還便親覲願未即去如此兩時間麻姑來亦先聞人馬聲既至從官半於遠蔡經亦舉家見之是好女子

年可十八九許於頂上作髻餘髮散垂至腰
衣有文綵又非錦綺光彩耀日不可名狀入
拜遠遠爲之起立坐定各進行廚皆金盤玉
杯餚膳多是諸花香氣達於内外擘脯行之
云麟脯也麻姑自說云接待已來已見東海
三爲桑田向到蓬萊水又淺於往日會時略
半豈將復爲陵陸乎遠笑曰聖人皆言海中
行復揚塵也麻姑引見蔡經母及婦等時經
弟婦新產數十日姑見知之曰噫且止勿前

即以少許米擲之以祛其穢視其米皆成丹砂遠笑曰姑故年少吾老矣不喜復作如此狡獪變化也遂命召家人曰吾欲賜汝輩美酒此酒乃出天厨其味醇醲非俗人所宜飲飲之或能爛腸今當以水和之勿怪也乃以斗水合升酒攪之以賜經家人人飲一升許皆醉良久酒盡遠遣左右曰不足復還取也以千錢與餘杭姥相聞求其酤酒須臾信還得一油囊酒五斗許信傳餘杭姥荅言恐地

上酒不中尊飲耳麻姑手爪似鳥經心中念曰背大癢時得此爪以爬背當佳也遠已知經心中所言即使人牽經鞭之謂曰麻姑神人也汝何忽謂其爪可爬背耶但見鞭着經背亦莫見有人持鞭者遠告經曰吾鞭不可妄得也經比舍有姓陳者失其名嘗罷縣尉聞經家有神人乃詣門求見遠使引前與語陳便欲隨從驅役比於蔡經遠令向日而立從後觀之曰噫君心邪不正未可教以仙道

當授君地上主者之職司以一符并一傳着小箱中與陳曰此不能令君度世止能存君本壽自出百歲可以攘灾治病病者命未終及無罪者君以符到其家便愈矣若邪鬼求食作祟禍者便以傳勅吏遣其鬼君心中亦當知其輕重臨時以意治之陳以此符治病有効壽一百一十歲而死死後子弟行其符不復驗矣遠去後經家所作飲食數百斛皆盡亦不見有人飲食也經父母私問經曰王

君是何神人居何處經日常在崑崙山往來
羅浮括蒼等山山上皆有宮室主天曹事一
日之中與天上相反覆者十數過地上五岳
生死之事皆先來告王君王君出或不盡將
百官從行唯乘一黃麟將十數侍人每行常
見山林在下去地數百丈所到則山海之神
皆來迎謁其後數十年經復暫歸家遠有書
與陳尉真書從广從郭落大而不工先是人無知方
平名遠者因此乃知之陳尉家于今世世存

錄王君手書并符傳於小箱中（神仙傳）又吳地記云經幼學（從云從厶）老工方術變水成玉變石成金服水玉得真仙今吳縣有蔡仙鄉

郎宗字仲綏少仕為吳縣令學精道術占候風氣後一旦有暴風經過閣上知京師大火燒大夏門遣人往參果爾諸公聞之以博士召宗宗恥以占卜進夜解印綬負笈遯去居華山下服胡麻元得道今在鹿跡山洞（眞誥）

李崇吳郡人少好道林屋仙人王瑋（從云從厶）授之

以流珠丹之法曰子行此道亦可以出身仕官無妨仙舉崇遂仕稍至宛陵令虎狼避去蝗不入境累遷汝南太守拔書佐袁安安後位至司徒時人服其識鑒身享重官妻自紡績明帝奇之加秩中二千石在郡十四年政化爲天下最年七十四瑋從王從厶授以隱解法去入大霍山又受瑋從王從厶遁化泥丸紫戶術以度世今在華陽洞中爲左理中監准太府長史云瑋從王從厶楚莊王時人也眞誥

晉楊羲者吳人好學沉厚與許先生邁許長史謐結神明之交嘗爲公府舍人興寧三年羲年三十六衆真降焉自東岳上真司命君等二十三人又自太和靈嬪上真左夫人等女真十五人每旬輒數人同降高談道微幽指藥妙楊及二許史受其詞援筆爲書是歲六月十五日夜紫微王夫人與一神女俱來紫微謂羲曰此太虛上真元君金臺李夫人之少女紫清上宫九華真妃者也賜姓安成名

鬱嬪字虛蕭上妃又謂羲曰我昔學真於龜臺受玉章虎録為上真妃遊行玉清非不能訪搜紫童友于帝郎也直推幾任會應度歷數欲求氏族於明君非有邪也君甚質虛閑幽真内煥必　帝躬高佐四輔理生斷死互察陰陽妾當助君綜御萬神尊制東蕃君將乘龍駕雲白日昇天此自元德上挺太極所旌不復用懃學劬勞也今人居風塵間力多罪之下鬼趣死之朽骨君奚必汲汲於人

閒之貴賤役身榮辱之肆哉且方交兵百會
三灾向臻褰衣遠逸是其時也自後數日即
衆真一降所授詩章道要羲及二許所筆授
者甚多華陽陶洪景論次爲書號曰真誥真誥
沈羲吳郡人學道能消災治病未嘗餌藥物也
羲與妻賈共載路逢白鹿青龍白虎車各一
乘從騎滿道問羲曰君是沈羲否羲愕曰是
矣騎人曰羲有功於民心不忘道少小以來
履行無過今年壽將盡黃老遣仙官下迎侍

郵薄延尋[illegible]乘青
他車者是迎使者[illegible]即有
[illegible]文[illegible]丹玉字
[illegible]道間鉏
[illegible]惟見義
所乘卒入西[illegible]弟恐義
爲邪[illegible]不得後
口[illegible]世孫[illegible]言懷
喜曰聞[illegible]邪留數十

日具言初昇天時不得見帝但見老君東向坐宮殿欝欝如雲氣侍者數百人多女子庭中有珠玉樹衆芝叢生龍虎成群游戲其間聞琅琅如銅鐵聲不知何等四壁熠熠有符書著之老君身形略一丈被髮文衣體有光耀須臾數玉女持金盤玉柸來賜羲曰此是神丹飲者不死夫婦各一柸壽萬歲又賜棗二枚大如雞子脯五寸遺羲曰暫還人間治民疾苦欲上來書此符着竿杪吾當迎汝乃

以一符及仙方一首賜義義奄忽如寐已在地上世多得其符驗云出神仙傳

魏伯陽吳人本高門之子好道術與弟子三人入山作神丹旣成謂其弟子曰丹雖成宜以犬嘗試之犬飛則可服乃與白犬犬斃伯陽曰作丹唯恐不成今旣成而殺犬恐未當神明之意餌之將復如犬柰何弟子曰先生當餌之否伯陽曰吾背違世路弃家而來今不得仙亦恥復還死生吾當餌之乃服丹入口

即死弟子有姓虞者曰吾師非常人服此而死得無意乎復取丹餌之亦死餘二人相謂曰所以爲丹者欲長生耳今乃餌死將焉用之不服此藥自可更得數十歲遂相與出山方爲伯陽及死弟子求木以斂二子去後伯陽即起以所服丹内死弟子及白犬口中須臾皆起仙去道逢伐木者乃作手書寄謝鄉里人及二弟子伯陽作參同契五行相類凡三卷其說似周易其實假借爻象以論作丹之

意而世人者不敢用事每作陰陽釋之殊失
其旨
負局先生者負磨鏡局循吳市中得一錢便輒
問主人得無有疾苦否若有輒出紫（從九從丶）藥
以與之服者皆愈（列仙傳）
隋周隱遥洞庭山道士自云甪里先生之孫山
上有其祖甪里村言其世數人得道隱遥學
太陰鍊形死於崖窟中囑弟子曰檢視我尸
勿令他物相干六年後更生當以衣裳迎我

弟子守視初甚臭穢蟲壞唯五藏不變如言
閉護之至期往視身已全起坐弟子備湯沐
以新衣迎歸髮鬢而黑鬚鬣而直若獸毛焉
十六年又死如前更七年復生如是三度已
四十餘年且八十歲狀貌如三十許人隋煬
帝召至東都尋懇還本郡唐正觀中召至長
安館於内殿問修習之道對曰臣所修者匹
夫之事功不及物帝王一言之利萬國蒙福
得道之效速於臣人區區所學非萬乘所宜

問世復求歸山詔遂其所適出仙傳拾遺令

狐楚周先生住山記云先生姓周氏名隱遥守息元宗其道者相號為太嵏丘先生汝南人也抱天和沖澹之氣含至清絜朗之質玉泠泉潤松高鶴閑韶精守道宜得真契谷神既存而長守嵏丘關無鍵而不開貞元初游蘇州吳縣之包山林屋洞秋八月始於洞西得祠景觀訊其居者曰距此數里世傳毛公塢毛公道成羅浮居山三百餘歲有弟子七十二人眾石為壇遺趾猶存爾能勤求吾請以導既行而蘿篠迷塞不知所往先生冥目久之逢一物焉雙眸盡碧毛色紫而本白高數尺餘隨而行之視乃鹿也須臾乃跪止若有所告先生默記之而還至十九年冬剩本髯葉蔓厥攸居得異石一方上有蟲篆驗之即毛公鎮洞符也既而繫户牖以為寶有鶴御弄冠裳戲舞于庭砌後得一井香白滑甘

溢為白泉其傍得古池焉深廣丈隱驗陰穴湛如也初先生嘗息于洞之南門中神化恍惚往往失其所在遇好風日亦來人間斯必先之以雲鶴其弟子掃灑香室俄而至矣嗟乎先生之體同乎無體矣不以晝夜更動息不以寒暑易饑飽不食而甚力走及奔馬全乎氣者也雖欲而無滯止如豎龜外乎形者也鹿以尊步神柔異物也符以存視道契先蠲也井泉去厲昭乎仁也池水不枯濟其處也仙雲靈鶴之驗去來髣髴之狀其必神行而智知乎予叔服膺先生之門十一紀于茲録先生本起見命為記疑神遐想直而不遺

元和十三年八月華州刺史兼御史中丞令狐楚記

周生大和中廬于洞庭山以道術濟人吳楚敬之後出遊廣陵佛寺有三四客偕來時八月

望齋日澄瑩生自言曰某學於師能挈月致之懷袂或疑其誕或喜其奇生命虛一室關四垣使無纖隙取筯數百呼僮以繩聯續架之曰我將此梯取月去乃閉户久之數客步庭中伺焉忽覺天地曛晦聞生呼曰某至開一室視之生曰月在某衣中諸君試觀舉其袖出月寸許一室通明寒入肌骨客再拜謝之却閉户其外尚晦食頃如初

泥村山者乾符中吳人胡六子聚徒海中一旦

暴風打纜斷諸舟散失獨所乘舟泊一山島下登岸尋食漸見村落遂戒約徒伴曰風波如此幸而不傾沒雖數日絕食若見居人只可博糴糧食輒不得擾人言訖縱步見居人乃問其地其人曰范村也皆禮皃相接人物情義與中國同引上高山十餘里花木夾路風景清虛宮室華麗謁見一人侍衛甚衆年可八十餘號為山長升階延坐曰余越相范蠡也居此年深子孫相承已數十世山下皆吾

子孫子孫生死與世人同獨余得道長生以子遠來不相驚擾即以迴風相送却歸中國乃告別下山衆人各助以粮食既及舡中便風俄起頃刻歸達西岸六子自歎幸獨不知范蠡爲何人話于有識者方知其仙六子後爲高駢六合鎮將神仙感遇傳

千濤宰相琮之姪隨琮南遷途經平望驛維舟方食有叟自門直抵濤所問叟何人對曰曹濤拜問其所以來對曰郎君極有好官職此

云不用憂問其人能否老無解但見郎君此
後官職高顯亦無踪迹復之事濤又問京中
家內事可知否濤又說首女曰京宅甚安今於
堂前有某夫人賣安名字一一詳識又云
其廊下有小童某奉一銅龜子馳戲[illegible]
中見一嫗者謂曰此人如何對曰極好三
千里外亦得好官濤謂婦人安得官許其賤
脱意忽不復領略之既去訪之莫知所止人
或云此即曹的休待士也的休魏之宗室仕

晉爲史官齊梁之間或處或顯於朝列得神
仙之道多遊江湖間往往賣販拯救人以陰
功及物多有見之者濤後自泗州防禦使歙
州刺史佐淮南吳王楊行密爲副車琮辱亦
比歸姬俄以疾終山中無求秘器之所賜一
壽棺壍之裝漆金彩顏甚鮮華方驗得好棺
之說訪問京宅是日有客小童遊戲之事一
一皆驗神仙感遇傳

吳郡志卷第四十

吳郡志卷第四十一

吳郡范成大　撰

仙事

王可交松江南趙屯村人以耕釣自業常取大魚烝之擣蒜虀大嚼樂之不厭一日棹舟擊櫂高歌江行數里間欻見采舫灧漾中流中有道士七人皆年少玉冠霞帔服色各異侍者十餘人總角雲鬟又四人黃衣櫂舡一人呼可交姓名不覺漁舟已近舫側一道士令

總角引可交上見七人前各有青玉盤酒果之器皆瑩徹有光不可識又有女妓十餘悉持樂器可交立筵末遍拜七人共視可交一人曰好骨相合仙巳淡破矣一人日與之酒侍者瀉酒樽中酒再三瀉之不出一人又日與栗喫一人取二栗付侍者與可交栗色青光如棗長二寸許嚙之有皮非人間者比肉脆而甘如飴久之食方盡一人曰王可交巳見之矣可令去勑黄衣送上岸尋向所乘漁

舟不復見黃衣曰不必舟但瞑目自到於是
閉目聞風水林木浩浩之聲有頃呼令開眼
則失黃衣所在惟見峯嶺複重松栢參天坐
草中石上望見有大門樓乃在天台山瀑布
寺前採樵者并浮圖十餘人皆來問可交所
從來具以前事對又問何日離家曰今日早
離家又問今日何日對以三月三日樵與僧
大驚曰今九月九日矣且去君鄉水陸千餘
里僧邀可交爲具食可交不喜聞食氣唯飲

水耳寺僧以狀白唐興縣以達台州州以聞越州廉使王渢召見之可交身長七尺餘儀貌殊異言語精爽渢歎曰此誠真人又以其同姓益敬之飾以道服而遣人之蘇州詰其家具言三月三日可交乘漁舟入江不歸家人訪得漁舟謂已水死跡其尸不可得已招冤葬之渢具以表聞可交後歸鄉里與鄉人到江上指所逢采舫之處依然自食粟後即絶粒累止若有神助不復耕釣挈妻子入四

明山二十餘年復出明州賣藥酤酒得錢輒以施人且言藥則壺公所授酒則餘杭阿母相傳藥已疾有驗酒亦致佳時皆稱王仙人藥酒道俗多圖其形像後三十餘年入四明山今人時有見之者續神仙傳

單以清常熟縣元陽觀道士大曆中嘗之嘉興入船聞異香疑有非常人遍目同載唯船頭一人儀趣頗殊單君遷坐與並席香氣彌甚因從容問之答曰吾此地人少病大風逃于

深山遇一老人哀之令從行有草堂數間老人曰汝且居此堂一月後自來視汝以藥圓一果令餌之老人遂行更入深山吾入堂餌藥不飢渴身日以輕兩月老人方來矣曰有心哉故在此疾已差矣至水濵照之鬚眉皆生顏色益少老人曰汝既服吾藥可長生人間且勤脩道術以二十年爲期遂導令却歸吾因拜問其姓名老人曰子聞國初鐵公李靖乎我是也乃辭出山今年限將及再入山

尋師吳單君因記其事爲人道之原化記

蔣生吳郡人好神仙弱歲弃家遊四方學鍊丹不成後得日者章全素爲隸見生几上瓦硯忽曰先生好烹鍊之法夫仙丹食之則骨化爲金安有不長生耶今先生之丹能化石硯爲金乎生心甚慚以他詞拒之曰汝傭者豈能知神仙事乎無妄言全素笑而去後月餘衣中出小瓢云是中有丹能化土爲金顧此硯以刀圭傅之生以爲誕妄罵之全素尋卒

以簣盛尸將瘞之忽亡其尸徒有巾帶衣履存焉藥鼎下有美光粲然中探之得石硯其上寸餘化爲紫金矣宣室志

本朝紹聖中有潘裕者過吳江遊長橋見一翁棹小舟往來叩舷飲酒酣歌自得裕異之乃揖曰視先生氣皃固非漁釣流殆高隱士也願聞緒言其人曰君語不凡能[illegible]小舟語乎裕欣然就之謂裕曰吾遯跡於此三十年矣幼喜談經史百家及釋氏書今惟飽食嬉遊

希裕曰先生澡身浴德今聖明在上盍出而仕乎翁曰君子之道或出或處吾雖不能隱處巖穴追綺皓之跡竊慕老子人皆求福已獨曲全之義與子出處異趣勉之而已裕曰幸聞先生高義敢聞舍所在翁曰吾姓且不欲人知況所居耶飲罷長揖拏舟而去此事高勝故附之仙事遯齋閑覽

隆興間常熟縣海隅山有僧慈悅者患水腫病醫莫能効一日有道人自云姓回憐悅病以

搯爪劃其腹腹水[illegible]消又授以藥且云壽至八十五後兩月又有客以畫授悅曰吾所畫也須臾而去[illegible]示乃呂真人像方悟前所姓回者即呂也[illegible][illegible]清呂真人感應[illegible]音陽明南安名士也孝純篤出於天性親喪廬墓而上帝昭鑒遺呂真人贈詩遺藥以荅其[illegible]郡守既嘗表于朝又刻石傳於世予[illegible]謂神仙在渺茫忽之間安得與人接始疑而未之信乎江之常熟海虞山北十十里絕頂有僧慈悅結廬于白龍祠之側向得水腫疾屢投藥石弗療一日有客自云姓回忽至龍祠音容異常徐而入見慈悅甚憐其病遂以指甲劃其腹腹水即潰而腫消又以藥一[illegible]穀用當陸根煮汁服之且語慈悅壽至八[illegible]有五不踰兩月其疾遂痊

慈悅初不悉其爲何人也後兩月餘有客云來自臨安因覩補陁至此以畫一軸授慈悅曰吾所畫也須臾而去及展視之乃碑蓋所覆呂真人之像方悟前日姓回者即呂也慈悅奉龍祠三十年其不懈如一日允有禱祈隨即感應里人莫不愛重之天使真人來治其病其事亦類於陽君也歟夫人患不誠不信誠可以開金石信可以及豚魚況於神仙乎余因禱龍祠慈悅以此告余既以釋吾之疑而且有感也故刻石以記之

吴郡志卷第四十一

吳郡志卷第四十二

吳郡范　成大　撰

浮屠

唐僧印宗郡人姓印氏精涅槃經咸亨中至京師詔居大敬愛寺辭往蘄春謁忍師遂至廣州遇六祖能大師盡悟方外之旨著心要集行于世

道欽崑山人姓朱氏初業儒有元素禪師者為落髮授學既別戒之曰汝乘流而行逢徑即

止欽至臨安見東北一山秀出樵子曰此徑山也欽遂居之爲開山第一代禪宗召至内庭賜號國一禪師辭歸山傳燈録

義師者蘇州人狀如風狂正元中民起僦屋十餘間義師忽運斤壞其簷禁之不可主人素知其神拜曰弟子生活賴此師曰爾惜之耶擲斤於地而去其夜市中火惟所壞簷屋數間獨存常止於廢寺殿中冬夏常積火壞幡木像悉燔之好燒鯉魚不具湅而食垢面不

稍頓輒兩吳中以爲兩侯將死飲灰汁數斛合跏坐不飲食數人日往觀之七日而逝盛暑色不變支不摧酉陽雜俎

續空者吳人本齊君房也苦貧勤學爲凍餒所驅元和初遊錢塘至孤山寺西飢甚不能前俄有胡僧顧君房笑曰法師諳涂浣否君房曰何哉僧曰子不憶講法華經於洛中同德寺乎應爲饑火所惱不暇憶前事探鉢囊出一棗大如拳曰此吾國所產食之者知過去

一未來事君房食訖甚渴掬泉水飲之急欠伸一枕石而寢有頃乃寤思講經於同德寺如昨日焉乃落髮（纂異記）

僧晝字皎然吳僧世工律詩嘗謁韋蘇州恐文體不合乃苦思作古體十篇爲贄韋殊不稱賞晝失望明日寫其舊製以獻韋吟諷歎味不釋手因語晝云師幾失聲名不以所工見投而猥希老夫之意人各有所得非卒能致晝大服其精鑒

鑒師者元和初郡人馮生調選長安有老僧自稱鑒師詣生曰汝吾鄉也相與往來歲餘馮得東越尉鑒師負笈告去曰我廬於靈巖寺之西廡久矣遊長安忽十年幸與君相遇今將歸舊居故來告别然君尉越道出靈巖寺下當一訪我後數月馮生道經靈巖即入詣焉詢寺僧鑒師廬安在僧曰吾曹無名鑒者生始疑異然計鑒信士豈欺我獨遊寺庭行至西廡下乃有群僧畫像其一狀類鑒師生

大驚視其題云馮氏子吳郡人年十歲學浮
屠氏法以道行聞出宣室志

後唐廬山僧紹宗姑蘇人性朴野不羣流俗江
南李國主造寺居之又躬入山請謁甚加禮
重傳燈錄

漢清化師全付崑山人隨父賈販至豫章聞禪
會之盛求出家學成自仰山還故國錢忠獻
王賜以紫方袍不受改賜衲衣號純一禪師
師曰吾非飾辭恐後人倣吾而逞欲耳開運

中坐上有大風震林木焉傳燈錄

希辯常熟人聽律於楞伽受心印於天台乾德初吳越忠懿王以清泰院居之號慧智禪師太平興國中隨王入覲見于滋福殿賜號慧明端拱中乞還故里賜 御書急就章逍遥詠祕藏詮及太平聖惠方凡一百三十卷以寵之

本朝毛僧日遊聚落歡咲無所擇輕薄子多狎玩之貴勢要之不詣忽謂人曰吾死矣乃危

坐誦偈曰毛僧毛僧事事不能死了燒却拾

似不曾言卒而化墨客揮犀

遇賢姓林氏東禪院僧飲酒無算鄉人目曰林

酒仙口中可容雙拳性有異事每出人羣聚

觀之能自圖其形無毫髮不肖好吟詩語雖

俗而有理致有云禰子江頭浪最深行人到

此盡沉吟它時若遇無波處還似有波時用

心門前綠樹無啼鳥庭下蒼苔有落花聊與

東風論箇事十分春色屬誰家心閑增道氣

忍事敵灾屯謹書終少禍節儉勝求人惣
類甚多不具錄今其真身塑於院中
惠詮吳僧伴垢汙而詩絕清婉嘗書西湖一山
寺壁曰落日寒蟬鳴獨歸林下寺柴扉應未
掩片月隨行屨唯聞犬吠聲又入青蘿去蘇
文忠公和於後曰唯聞煙外鍾不見煙中寺
幽人夜未寢草露濕芒屨唯應山頭月夜夜
照來去詮遂以詩知名冷齋夜話
道潛吳僧有標致効陶靖節爲詩嘗自姑蘇歸

西湖經臨平作詩云風蒲獵獵弄輕柔欲立
蜻蜓不自由五月臨平山下路藕花無數滿
汀洲蘇文忠公赴官錢塘得詩大稱賞一見
如舊識嘗有詩曰隔林髣髴聞機杼知有人
家住翠微蘇公曰此吾師十四字師號也蘇
公移守東徐潛訪之館逍遥堂士大夫爭欲
識面饌客罷俱來紅粧擁隨之遣一妓前乞
詩援筆立成曰寄語巫山窈窕娘好將魂夢
惱襄王禪心已作沾泥絮不逐春風上下狂

一坐大驚自是聞名冷齋夜話

宗本圓照禪師穹窿山僧元豐六年相國寺新創慧林智海二寺召本及常總二僧居之本既至宣見于延和殿賜茶帛賜坐殿上賜茶而退常例當席殿下蓋異禮也先是中丞舒亶坐贓勒停稅導洛司舟及江淮小航東歸太子少保元厚之正議大夫程公闢皆吳人善謔元聞亶事笑曰舒中丞賃客船歸鄉恨未有對及本被召津發給養錢許馳驛其徒

詭譁矜夸公鬨笑謂元公曰本長老乘驢馬赴闕爲公得對矣聞者絶倒林希逸史

仲殊字師利承天寺僧也初爲士人嘗預鄉薦其妻以藥毒之遂棄家削髮時食蜜以解藥毒蘇文忠公與之還往甚厚號之曰蜜殊殊工於詩詞有寶月集行於世其長短句間有奇作非世俗詩僧比也後自經於枇杷木下

道川本崑山縣弓手翟氏以勇力名方被差捕賊宿廟中忽有所得徑投山西東齋出家禰

遊江湖間道遇虎不為動虎亦馴伏其旁

曰大書四句云我有一條鐵楖𣚀縱橫妙用無人識臨行擲轉上頭關轟起一聲春霹靂危坐脫去有法金剛經其徒傳誦之

法全崑山陳氏子從道川為僧一日行惠應廟前偶首觸柱怱自云有所得旁觀其精采煒然全不自覺也後為名僧號無菴

文暢吳人韓文公有送北遊詩昔在四門館晨有僧來謁自言本吳人少小學城闕已窮佛根源粗識事輗軏攣拘屈吾真戒轄思遠發薦紳秉筆徒聱

譽耀前閥從求送行詩憂造忍顛躓今歲十
餘卷浩汗羅斧鉞先生閥窮巷未得窺覬剽
又闕識大道何路補剝刖出其囊中文滿聽
實清越謂僧當少安草序頗排許上論古之
初所以施賞罰下開迷惑剗胥寧豁斷株蘗僧
一時不聽瑩若飲水救渴風塵一出門晤日多
如髮三年竄荒嶺守縣坐深樹徵租聚異物
詭製但巾韝幽窮共誰語思想甚含噱昨來
得京官照壁喜見蝠況逢舊親識無不比數
歷長安多門戶承慶少休歇而能勤來過重
恩安可擬當今聖政初恩澤宇胝狄胡爲不
自暇飄戾逐鶤厲鳶僕射領北門威德壓胡羯
相公鎮幽都竹帛爛勳伐酒場舞閨姝獵騎圍
邊月開張簇中寶自可得津筏從茲富裘馬寧
復茹藜蕨余期報恩後謝病老耕垡庇身指
蓬茅逞志縱獫猲僧還相訪來山藥煮可[illegible]

吳郡志卷第四十二

吳郡志卷第四十三

吳郡范成大撰

方技

吳公子光欲謀殺王僚未有可與議者乃命善相者爲吳市吏伍子胥至吳被髮佯狂跣足塗面行乞於市市人罔有識者市吏見之曰吾相人多矣未嘗見斯人也非異國之亡臣乎遂與俱見王僚（吳越春秋）

吳王夫差與九郡之兵將與齊戰道出胥門假

寐於姑胥之臺夢入章明宮見兩鑪蒸而不炊兩黑犬嘷以南嘷以北兩鋘殖宮墻流水湯湯越其宮堂後房鼓震篋篋有鍛工前園横生梧桐謂太宰嚭曰子爲寡人占之嚭曰美哉王之伐齊也章者德鏘鏘也明者破敵聲聞昭明也兩鑪蒸而不炊者大王聖德氣有餘也兩黑犬嘷以南嘷以北者四夷服朝諸侯也兩鋘殖宮墻者農夫就成田夫耕也流水湯湯越宮堂者鄰國貢獻財有餘也後

房籢籢鼓震有鍛工者宫女悦樂琴瑟和也
前園横生梧桐者樂府鼓聲也吳王大悦而
其心不已復召王孫駱問之駱曰臣鄙淺不
能占王夢東掖門亭長長城公弟公孫聖多
見博觀知鬼神之情狀願王問之王乃遣駱
往請公孫聖急詣姑胥之臺聖伏地而泣其
妻謂聖子何性鄙人主急召乃涕泣如雨乎
聖曰悲哉非子所知今日壬午時加南方命
屬上天不得逃亡非但自哀誠傷吳王吾受

道十年隱身辟害欲紹壽命不意卒約急召中世自棄故悲與子相離耳遂詣姑胥臺吳王曰寡人將北伐齊魯道出胥門過姑胥之臺忽然晝夢子爲占之聖曰臣不言身名全言之必死百段於王前臣聞章者戰不勝敗走傽偟也明者去昭就冥冥也入門見䥶蒸而不炊者不得火食也兩黑犬嘷以南嘷以北者黑者陰也北者匿也兩鋘殖宮墻者越軍入吳國伐宗廟掘社稷也流水湯湯越宮

堂者宫室墟也後房鼓震篋篋者坐太息也前園横生梧桐者梧桐心空不爲用器但爲盲僮與死人俱葬也願大王按兵修德遣下吏太宰嚭王孫駱解冠肉袒徒跣稽首謝勾踐國可安存身可不死吳王怒曰吾天之所生神之所使顧力士石番以鐵鎚擊殺之吳越春秋

吳人敎魯班班作木仙指吳吳大旱吳人以貨於班班斷其手朝野僉載

魏末有吳士目盲而妙察聲丞相嗣渤海王高
澄召試之聞劉桃枝聲曰當大貴王侯將相
死於其手然譬如鷹犬爲人所使耳聞趙德
聲曰亦貴人聞太原公洋聲曰當爲人主聞
澄聲無語王曰我家群奴猶當極貴况吾身
乎其後諸王大臣賜死者多桃枝所拉殺而
澄竟有蘭京之禍洋實受禪三國典略
梁張僧繇吳人丹青絕代甞畫江陵天皇寺栢
堂作盧舍那像及仲尼十哲明帝怪問釋寺

如何畫孔聖僧繇曰後當賴此及廢浮圖諸
獨此殿有宣尼像得不毀又金陵安樂寺畫
四龍不點睛云點之即飛去人以爲誕固請
點之須臾雷電破壁二龍乘雲騰上天未點
睛者見存又畫天竺二胡僧侯景亂後拆爲
二一僧爲唐右常侍陸堅所實堅疾篤夢胡
僧云我有同侶離拆多年今在洛陽李氏若
求合之當以法力助君陸以錢帛求於其處
果得之劉長卿爲之記甚詳潤州興國寺苦

鳩鴿栖梁上穢汚尊像僧繇於東壁畫一鷹
西壁畫一鷂皆側首向簷外鳩鴿不復敢入
畫筆通神如此者不可具載朝野僉載又南史夷
貊傳張僧繇吳人丹青之工一時冠絕大同中
瓦官寺造諸堂殿窮於輪奐其圖諸經變並
張繇運手案此人即僧繇也
梁顔協吳人學書於范懷約藝過其師荆楚碑
碣皆協所書
大曆中有吳士顧生者以畫山水歷抵諸侯之

門每盡先幀綃數十幅於地一多研墨汁及諸
綵色各貯一器使人吹角擊鼓數十人齊聲
大譟顧生着錦襖飲酒半酣遶綃幀十餘匝
取墨汁瀉綃上次傾諸色乃以長巾一頭覆
於所瀉之處使人坐壓巳執巾角而曳之迴
環既遍然後以墨筆隨勢開決爲峯巒島嶼
之狀不可言封氏見聞録

吳越時朱景環筭術神妙貞明中廣陵王元璙
鎮吳景環居盤門驛上書元璙云到任當三

十年安寧元琮命燭焚去謂其說尚遠未之敬也至天福庚子辛丑間忽記其事召景環問之曰筭數定矣願公計後事及期果薨

顏規者本吳郡玉工廣陵王錢元琮常令於便廳解玉王每召術士朱景環訪問筭術遁甲事規性欵悟孰聞其說盡記之一日以所記質於景環景環授以學遂精筭術忠獻王嘗欲享廟一日規上書言翌日利五鼓之前如用寅時則杜門在南不可出入不聽翌日寅

時王車出于南門鐶以鑰壞之不能啓遂破鑰而出由是知名王遂以爲軍師

弈吳郡褚思莊以善弈名世同時琅邪王抗第一品思莊與會稽夏赤松第二品赤松思速善於大行思莊思遲巧於鬭棊宋文帝時羊從亠從厶保爲會稽帝遣思莊與從亠從厶保戲因製局圖還於帝前覆之齊高帝使思莊與王抗對自食時至日暮一局始竟上倦遣還省至五更方決抗睡於局後思莊達旦不寐時云

思莊所以品第致高緣其用思深乆人不能當二人並至給事中

唐開元中吳隱士周廣妙於醫受訣於同郡紀朋覩人顏色談笑即知疾深淺召至京師有宮人每日昃則笑歌啼號若狂疾而足不能及地廣曰此必因食飽促力復仆於地而然飲以雲母湯令熟寐寐覺失所苦問之乃言太華公主載誕三日宮中大陳歌吹此宮人主謳欲其聲清長食㹠蹄羹遂飽當筵歌大

曲曲羅覺背中甚慣戲於砌臺乘高而下未
及半復爲後來者所激因仆地比蘇即病在
自是足不能及地又有黄門自交廣使回拜
舞殿下廣曰此人腹中有蛟龍明日當産一
子即不可活矣上驚問黄門有疾否對曰臣
馳馬大庾嶺大熱而渴於路傍飲野水令腹
中堅痞如石周以消石雄黄煮飲之吐出物
數寸其大如指鱗甲備具投之水俄頃長數
尺遽以苦酒沃之復如故形上驚異禮敬之

欲授以官爵固請還吳中水部員外郎劉復
爲廣作傳叙述甚備（明皇雜録）
許至雍者妻亡感念不已中秋月下簾屏間有
嗟吁聲良久聞語音乃其亡妻云若欲相見
遇趙十四勿惜三貫六百錢至雍驚起問之
則無所見自此常志其言數年薄游蘇州春
時見少年十餘輩盛裝乘畫船將謁吳太伯
廟路人曰此州有男巫趙十四言事多中此
皆趙生之後輩至雍曰趙生何術曰能致人

魂耳至雍默會妻語詰趙具陳懇切趙曰某所能致生魂耳今召死魂又令生人見之某必不爲此不知果遂否君有至意又神理已先白某安得辭乃許其所費之直果爲錢三貫六百擇日於堂内灑掃焚香施床几西壁下簷外結壇場致酒脯呼笑拜舞彈胡琴令至雍處堂東隅趙生於簷外垂簾臥不語至三更庭際有人行聲趙問曰非許秀才夫人乎聞吁嗟應云是趙曰以秀才誠意懇切故

敢相迎逡巡如有人揭簾見許妻淡服薄粧拜趙徐入堂内東向而坐至雍涕泗嗚咽與之語曰君行若此無枉横否妻曰命也安得枉横因問兒女家人及親舊閭里間事往復數十語至雍又問人間尚佛經謂之功德誠有否妻曰皆然又問冥間何所貴重曰春秋奠享無不得然最重者漿水粥也趙生爲致之粥至向口如食收之復如故至雍曰要功德不假妻云平生無惡豈有罪乎良久趙生曰

夫人可去逃有讁謫妻乃出至雍隨而泣曰
願息一物以爲記妻泣曰幽冥唯有淚可傳
於人代君有衣服可投一事於地至雍脱汗
衫置地上數取衣[illegible]以汗衫蔽面大哭
良又揮手別去至雍取衫視之淚痕皆血也
趙生名何辭人皆傳其事[illegible]異
崑山慧聚寺大殿佛像及兩偏小殿毗沙門天
王像并左右[illegible]皆凜凜有生氣塑
工妙絶相傳爲唐楊惠之所作惠之塑工妙

當時或又云張僧繇見所作也龍圖閣學士徐林嘗一[illegible][illegible][illegible][illegible]天[illegible]三[illegible]佛已為庸僧妄加塗飾天王像[illegible][illegible][illegible][illegible][illegible]恐亦不免乃題殿壁以志之云[illegible]聚寺畫壁天王予遠日觀瞻徘徊不能去[illegible]絲文[illegible][illegible]絕絕與顧愷之畫相類按此寺[illegible][illegible][illegible][illegible]此碑者得非楊惠之之流乎今大殿龍[illegible]再加彩繪一無古意已索然了濯無知者又將以脂澤汙圭璧使唐人遺跡掃地將歎恨莫及故書以告之[illegible]

寺以此像及山半普賢像并涅槃圖爲山中
三絶淳熙十一年寺災殿閣皆燼惟普賢像
一僧背負之而逃得免餘悉不存

吴郡志卷第四十三

吳郡志卷第四十四

吳郡范　成大　撰

奇事

吳王闔閭伐石治宮室石中得紫文金簡之書不能讀使使者詢仲尼曰吳王閒居有赤雀銜書置殿前不知其義故遠諮訪仲尼視之曰此乃靈寶長生之法禹所服之禹將仙化封之名山石函之中今赤雀銜之殆天授耶抱朴子

吳孫堅世仕吳母懷姙夢腸出繞吳閶門寤而懼以告鄰母鄰母曰安知非吉證也堅生又云堅母孕時夢腸出繞腰有一童女負之繞吳閶門三匝天授以芳茅一莖童女語云曰此善祥也必生才雄之子今賜母此茅土王於翼軫之地鼎足於天下不出二百年語畢而覺及旦筮之卜人曰童女太白之精也王子年拾遺

漢興平中吳中童謡曰黄金車班蘭耳闓昌明

出天子閶門吳西郭門其後孫權遂以黃龍
元年建吳國
吳天冊元年吳郡言掘地得銀長一尺廣三分
刻上有年月字於是大赦改元
宋吳子英者舒鄉人善入水捕得赤鯉魚愛其
色好持歸不煞養池中餇以米穀一年長丈
餘生角有翅子英怖拜謝之魚言我來迎汝
上我背與汝俱昇天歲來歸見其妻子魚復
迎之故吳中門户並作神魚子英祠列仙傳

將仕郎陳敏功之家居吳門北隣嘗有人夢神人被髮持刃部集數十鬼物每經民居即呼其人出各分飲一杯令啜之暨至一劉承議家則曰此家不食牛肉已二十年當與免其後吳門大疫鄰巷病亡者比户不遺獨劉氏舉家無恙 談選

姑蘇四瑞謂白龜甘露合歡芍藥雙竹也吏部員外郎陳省華守郡四瑞並出省華之子堯咨與張君房各賦詩推官崔端為詩序今見

於下觀察推官承奉郎試大理評事崔端撰蘇州四瑞聯句詩序云休祥之出必係
乎時感應之證亦繫乎政政或未乂物理寧通時既會昌神靈斯格蘇臺四瑞其殆庶乎
而況分連牛斗地控江湖壤賦繁劇里閈雄盛郡守之選古難其人昔　太宗有命俾我
良牧吏部員外郎陳公鎮撫之公自下車決政之壅伸民之無告挫猾吏之鋒削刑禁之
濫靡勞餘刃厥功告成嘉瑞荐臻休祥雜沓花芳連蔓竹聳雙莖白龜見乎崑丘甘露零
乎佛廟瑞出靈巖院斯乃我后重離繼照有開必先之靈感也歷覽藩郢未有若斯之昭報焉
以進士陳公諮堯與南陽戣才張公諮君房詩敵者也丁酉孟夏之夕會宿于郡齋酒酣
據席言及四瑞且曰非筆墨無以紀郡政而頌聖德繇是賡唱迭詠終宴爲聯句律詩自
十二韻止二十韻四章凡五百八十言云

咸平元年夏四月崑山縣有漁婦李氏張曾河
上得一白龜如錢大其色玉瑩朱眸電尾宫
畫粲然婦愛之因授兒爲戲又恐爲所傷放
於河頊之龜復在網如是者三婦雖怪之然
復棄去中夜岸有火熒熒往觀之白龜在焉
因取以歸近村王道榮留龜置神像前翌日
失之道榮私念此或靈物若虔禱當復見則
必獻于官府禱之忽自鼠竇出精瑩愈於前
乃具狀獻于縣令大　維維上之郡時陳省華

守蘇州之二歲也異而神之曰麟鳳龜龍之
者之嘉瑞今見于是豈天意俾予尸之以告
新駿命耶即具表以聞時張君房客於蘇省
華以白龜事訪之君房曰按孫氏瑞應圖云
龜千歲巢蓮葉之上是龜之質固可巢於蓮
葉而其出也又將以應於千歲之運乎且其
色白白西方也豈其應在西戎乎龜者歸也
西方其有逆命不廷之虜畏威懷德歸我乎
哉明年朔方叛帥李繼遷貢馬請命遂有銀

夏綏宥四鎮之拜君房嘗爲之頌省華壽徙漳州明年秋賦試進士崑山進白龜詩（乘異記）

崇寧閒奉議郎許白治第於蘇解木中有天下太平四字筆勢邁逸許嘗以其事聞（談選）

吳郡自隋唐設進士科以來未嘗有魁天下者比年父老相傳二讖一曰穹窿石移狀元來歸一曰潮過夷亭出狀元淳熙初穹窿山中一夕聞風雨聲詰朝視山半有大石自東徙西屹立如植所過[illegible]猶偃辛丑科吳縣人黄

由子由遂狀元及第夷亭在崑山縣西三十五里崑山雖近江海自古無潮汐紹興中始有潮至縣郭至是潮忽大至遂過夷亭李彥平侍御親見一道人復誦此讖謂非有邑人應之乃以告知縣葉自強作問潮館於水濱甲辰科崑山人衛涇清叔亦為狀元黃衛趙繼兩舉天下傳以為奇事

吳郡志卷第四十四

吴郡志卷第四十五

吴郡范　成大　撰

異聞

景平中吴郡太守顧琛爲朝請假還東日晚至方山于時商旅數十船悉泊岸側有一人從士從厶衣介幘執鞭屏諸船云顧吴郡部伍尋至應泊此岸於是諸船各東西俄有泊向處人云顧吴郡早晚至船人答無顧吴郡又問何船曰顧朝請耳莫不驚怪琛意竊知爲善從彳

從數因誓之曰若得郡當於此立廟至是果爲吳郡乃立廟方山號白馬廟云

隋大業十二年五月癸巳大流星隕于吳郡爲石占曰有亡國有死王有大戰破軍殺將其後大軍破劉元進于吳郡斬之又感應録載劉元進舉兵據吳郡江都郡丞王世充發兵擊之有大流星墜於江都未及地而南磨拂竹木皆有光飛至吳郡而墮地元進惡之令掘地入二丈得一石徑丈餘即此事歷代紀異感應録

唐大曆初處士李韎秋夕於震澤捨艫野步經
中見煙火意爲漁家漸近即朱門粉雉嘉木
脩林畫舟倚白蓮中生異其境徘徊未敢前
入俄有青衣出曰君非李處士乎願得少進
韎隨步而入瑣牕洞户中有女郎被體瓌質
衣如雲霓揖生曰延竚嘉德積有年矣今夕
何夕邂逅相逢命青衣捧方丈酌酒珊瑚鍾
以勸侍見數輩執樂女郎倚曲歌玉波冷雙
蓮之曲曰此傷吳宫二隊長之辭某非人也

生於龍宮好楚詞君能變我一篇傳於世人乎乃以水晶簪扣盤而誦芷秀蘂華之詞俄聞鐘聲隔水女郎曰此非清虛之士不得游持素綃送生出門閉扉悄然生徐步清潯朝日已上廣陵胡人識其綃曰龍頷小鬚所緝也樹萱錄

大曆中洛陽劉貫詞行丐於姑蘇逢秀才蔡霞者精彩俊爽便以兄呼貫詞又携羊酒來宴曰兄浮游江湖間行丐獲幾何而止曰十萬

霞曰霞居洛中以他故避地音問久絶意有所託祈兄爲達於是遺錢十萬授書一緘且曰霞家渭橋下瞑目叩橋柱當有應者當與家母相見書中亦令小妹出拜使助贈百緡貫詞遂還至渭橋叩之忽有一人應視之惟見朱門甲第貫詞稱來自吳郡郎君有書有頃引入廳中見太夫人謝曰兒子失意遠遊久絶音耗勞君數千里達書俄有青衣曰小娘子來年可十五六坐母下具饌甚精方對

食毋忽眼赤直視貫詞口角涎下女急掩其
口曰兄憑來宜且禮待因曰兄書中處分合
與百緡與貫詞因命取鎮國梡授貫詞女曰
此罽賓國梡其國以鎮災癘唐人得之固無
所用得錢十萬即貨之與毋再拜而入貫詞
持梡行出迴顧碧潭危橋手中器乃一黃銅
梡價直三五百耳西市店忽有胡客視之大
喜以百緡易之曰此罽賓國鎮國梡也在其
國大穰既失此梡國大荒兵戈大起吾聞爲

龍子所竊錢四年其君方以國中半年之賦召贖罰賡守龍上許此霞所以避地陰冥吏嚴不得陳首藉君爲郵送之耳殷勤見妹者非固親世慮其母老嚵或相啗以其妹衛君耳續玄怪錄

大曆十三年虎丘寺有鬼題詩隱于石壁之上云青松多悲風蕭蕭聲且哀南山接北山幽壠空崔嵬白日空昭昭不照長夜臺雖知生者樂魂魄安能回況復念所親痛哭心肝摧

慟哭復何言哀哉復哀哉又曰神仙不可學形化空遊魂白日非我朝青松爲我門雖復隔幽壠猶知念子孫何以遣悲怨萬物歸其根寄言世上人莫厭臨芳罇莊生問枯骨王樂復虛言蘇州觀察使李道昌異其事遂具奏聞勑令致祭道昌祭文曰嗚呼萬古丘陵化無再出君是何人能聞詩筆何代而亡誰人子姪曾作何官是誰仙室寂寞夜臺悲乎白日不向紙上石中隱出桃源三月綠草垂

楊黄鶯百轉猿聲斷腸不題姓字辨賢良
嗚呼痛哉嘆惜先賢空傳經史終無再還青
松嶺上嗟我碧山大唐政集已記詩言痛復
痛兮何處覓悲復悲兮萬古墳能作詩兮動
天地聲哀怨兮淚沾巾感我皇兮列清酌願
當生兮事明君祭後數日石上復隱出詩一
絶云幽冥雖異路平昔忝攻文欲知潛寐處
山北兩孤墳寺山之北有二墳甚高大荆蓁
叢蔚詢諸耆丈莫知何人所葬至今猶存郡

雅談及山中碑刻[illegible]詩金見書[illegible]
石壁雲一名幽獨彼何人春深草沒松門路
梟下詩僧
感鬼神

正元中太湖松江之口有漁人爲小網數船與其徒十餘人下網取魚無所獲惟得一鏡纔七八寸漁者恚不得魚棄鏡於水移船下網又得此鏡漁者異之取鏡自照見其筋骨臟腑歷歷可怖其人悶絕而仆衆大驚共取鏡鑒形照者即仆皆嘔吐狼籍最後一人不敢照遂取鏡投之水中良久扶持仆者醒明日

復往下網所得魚多於常時數倍其人亦有疾者自是皆愈詢彼老云此鏡在江海數百年一出人亦常見原化記

元和九年有李公佐泛訪古東吳從太守元公錫於洞庭登包山宿道者周君廬入靈洞探仙書石穴間得古岳瀆經第八卷文字奇古編次蠹蝕公佐與焦君共詳讀之云禹理水三至桐柏山驚風迅雷石號木鳴五伯擁川天老肅兵不能興禹怒召集百靈搜命夔

龍桐栢千君長稽首請命禹因鴻蒙氏章商
氏兜[redacted]盧氏犁婁氏乃獲淮渦水神名無支
祈善應對言語辨江淮淺深源流遠近形若
猿猴縮鼻高額青軀白首金目雪牙頸伸百
尺力踰九象搏擊騰踔疾輕利禹授之童
律不能制授之烏木田不能制授之庚辰能
制之木魅水靈山妖石怪奔號叢聚以千數
頸鎖大索鼻穿金鈴徙淮陰之[redacted]龜山之足
俾淮水安流注海庚辰之後圖此形者免淮

濤風水之難先是永泰中李湯爲楚州刺史有漁人夜釣龜山下其釣爲物所制不復出漁人疾沉可五十丈見大鐵鎖盤繞山足以告于郡湯命善游者數十人取鎖力不勝加以五十牛鎖乃振動稍稍就岸濤驚浪飜觀者大駭鎖窮見一獸如青猿白首長鬣雪牙金爪闖然上岸高五丈許蹲踞若獮猴但兩目不能開兀若昏醉目鼻水流如泉涎沫腥穢不可近久乃引頸伸頭忽開目光彩若電

視人欲發狂怒衆奔走獸徐徐引鏁并牛入水時楚多知名士皆相傳驚愕莫知其何物令攷李公佐得岳瀆經於洞庭始知李湯所見與經相符戊幕閑談

乾符中震澤之東稻將熟群鼠夜出齧而僵之信宿食殆盡陸龜蒙作記稻鼠一篇笠澤叢書

陸龜蒙視穫于甫里夜有鳧鷖蔽天而下若風雨所當之禾唱穗而去作禽暴篇冬十月予視穫于甫里旱苗離離年無以揩憂傷于懷夜不能寐往往聲類暴雨而疾至者一夕凡數四明汎

其咄曰鳧鷖也其曹蔽天而下盡田所當禾必竭穗而後去曰得無弋羅者捕而耗之耶對曰江之南不能弋羅當藥而得之辨鏻杜醢塗枝叢植于陂一中千萬膠而不飛是藥也出於長沙豫章之涯行賣貨錯歲受於射鳥兒盜興已來蒙衝塞江其誰敢商是藥既絶群鳧恣翔幸不充乎口腹反侵人之稻糧耶曰嘻失馭之民化爲盜關梁急征商不得行江湖小禽亦肆其暴以害民之物乎俾生靈死乎盜死乎飢吾不知安用馭者爲

中和中有士人蘇昌遠居蘇州屬邑有莊去官道十里吳中水鄉多荷芰一日見一女郎素衣紅臉若神仙中人與蘇生相狎以莊爲幽會之所生以玉環贈之結繫慇懃數檻前白

蓮花開發殊異俯而玩之花房中有物細視乃所贈玉環也折之遂絕出北夢瑣言

大德中京官張氏子寓蘇臺時往來丈人陸評事院爲一美人所悅久而心疑之又病瘠遇開元觀道士吴守一元云有不祥之氣授以一符果一明器婢子背書紅英字在空舍坑穴內焚之乃絕出北夢瑣言

吴郡志卷第四十五

吳郡志卷第四十六

吳郡范　成大　撰

異聞

崑山臨江鄉有南翔寺初掘地得石徑丈餘常有二鶴飛集其上僧有齊法師者即此地作精舍聚徒居之鶴飛來無定方隨飛來處其方必有人來施財作供無一日不驗久之鶴去不返僧爲之號泣石上忽有題一詩云白鶴南翔去不歸惟留空跡在名基可憐後代

空王子不絕熏修道士二時因名寺曰翰翔寺

之西有村曰白鶴

申徒有涯方外之士嘗携一白鸛自陽羨遊吳中大風雪中脫衣貰酒斗餘飲畢大吐周載者惡之榜舟者逐之有涯挈鸛登岸倚樹爲吟曰仲尼非不賢爲世所不容嗚嗟同舟子不識人中龍溪雲截落梅寒聲激長松狂來但清嘯一壺隱壁蹤吟訖躍身入鸛悄然無跡榜舟者大駭舉鸛呼之無見也它

日同遊者見有漁攜杖於岸上劍池側負踞
而坐知其異人不敢逼問（樹萱錄）

慶曆中秀才元者嘗城人泛舟過吳江岸傍見小
朱蛇長尺餘爲牧童所困元以百錢售得洗
其傷血放於草中明年復經吳江縱步長橋
有展刺來謁稱秀才朱浚少年風骨清聳
趨進可觀曰大人願見君子年老久不出敢
爾坐邀所居去橋數百步耳元拒不獲已乃
相從過橋已有舫艤岸浚拉元登舟去如

飛儀至一山數十更立旋水濱乘元以肩輿
歘至其處朱扉華宮嚴殿閣崚嶒王侯之
居莫及也一人高冠道服立殿上侍立皆美
人吏曰此吾王也後引元升殿再拜王荅拜
曰小子閑遊江岸不幸爲頑童所辱幾絕其
手賴君子以仁存心救此微命不然化爲江
瀨之矣元方記救蛇事王顧後令百拜且持
元坐辭其禮曰此不足報厚德乃置酒高會
延從容謂王曰願聞王所以居此王曰吾居

海鱗長有薄功于世上帝命爲安流王且使居此江湖清深易作膏澤水甘泉潔足以濊老又曰吾欲少報君有女童年未笄君若納之當得其助又以白金百斤遺元曰珠璣之類非敢吝白金易售也乃別去與女升舟詣吏送之少選至長橋別去女童自言小字雲姐年十三矣言笑惠敏元甚愛之後三年科詔下明日當試女童曰我爲君入禮闈竊所試題出門不久復還探懷出題遺元檢閱習備

明日入試果脗合既捷薦名遂登科調丹徒簿女童之來至是六年矣忽辭去留之不可離席苒苒不復見朱蛇記

皇祐中蘇州民家一夜有人以白堊書其牆壁悉似在字一夕之間數萬家無一遺者至卧內深隱之處無不到者莫知其然後亦無他

熙寧六年六月龍見於郡東方黑龍二北方白龍二雲氣盛作而不雨獨承天寺前雨二寸

元豐元年七月四日夜蘇州大風雨潮高二丈

際灣湯尹山至吳江塘岸洗滌橋梁水至[illegible]
盡惟石僅存崑山張浦沙保有六百六悉漂
盡惟餘五六空屋人亦不存
元豐四年七月蘇州大水西風駕湖水浸没民
居凡邊湖者皆蕩盡或舉家不知所在松江
長橋亦推去其半橋南至平望皆溺水死
死者萬餘人翌日水退村人漸獲流尸藥近
爲棺一日盡無以繼之人云吳江私北民
露地而哭平望以南刈禾而歌

宣和間盛章守郡譙樓火有得一木於煨燼之
餘析而爲薪中有大吉字遂獻諸朝時郡學
立石一株中夜有光發石上教官作瑞石放
光頌亦以上聞又一日雷震大成殿柱火光
滿庭東壁楣上遺一四帶青布巾大可貯五
斗粟教官命以香案置庭中夜半失之

宣和間楊寍字之損爲吳江丞治所枕太湖雲
濤洶湧震動忽户廳西有湖山堂堂識若泰
扃及石甃二一日薄暮聞下子聲小吏走觀

見青巾二人對奕聞人來卽起渡波而去視局上已五十許子客嘗爲圖以視善奕者歎其妙而莫能曉其意父老相傳以爲奇事圖嘗板行今逸之竈亦更爲廳事矣丞鄭某所記

慧聚寺大殿二柱有天書如今之大篆非刊刻者一勳溪火三字一蜿蜒蟠結若符篆不可曉在柱東向人所不見字大小近二尺許好事者或摸印之通鑑本末

松陵陳益年少俊邁嘗冠鄉舉嘗夢一人衣道

服促左右於巾笥中取綠衣靴笏與益衣之益詢左右則曰楊文公也益穿袍覺毛骨寒凜似不能勝道服者乃歎曰惜乎有此才而無此緣即命撤去益後語其事於人不一年遂卒談選

嘉祐中崑山縣海上有一船桅折風飄泊岸船中三十餘人衣冠如唐人繫紅鞓角帶短皂布衫見人皆慟哭語言不可曉試令書字亦不可讀行則相綴如雁行久之自出一書示

人乃唐天祐中告授乇羅島首領陪戎副尉制又有一書乃是上高麗表亦稱乇羅島皆用漢字盖東夷之臣屬高麗者時贊善大夫韓正彦爲縣令召其人犒以酒食罷食以手捧首而驩意若懽感者正彦使人爲其治桅舊植船木上不可動工人爲之造轉軸教其起倒之法其人又喜而驩船中有諸穀惟麻子大如蓮的蘇人種之初歲亦如蓮的次年漸小數年後只如中國麻子

治平中錢忠道過吳中愛其風物留戀不能去終日諷詠遊賞遂見好女子小舟獨棹煙波間忠悦之作詩贈之有句若蒲目生涯千頃浪全家衣食一輪竿女得詩攜歸呈其父蓋隱淪客也嘉忠其詩遂以女妻忠從舟同入煙波不知所往清隱集

吳郡志卷第四十六

吳郡志卷第四十七

吳郡范　成大　撰

異聞

吳王闔廬得魚腸磐鄅湛盧三寶劒於越傳記紀劒事頗怪吳越春秋云闔廬失道湛盧去而水行以如楚楚昭王卧而寤得劒於牀召風湖子問焉風湖子曰此謂湛盧之劒吳王得越所獻三寶劒一曰魚腸二曰磐鄅三曰湛盧魚腸已用殺吳王僚磐鄅以送其死女

今湛盧則入楚也昔越王元常使歐冶子造
劍五枚以示薛燭燭曰魚腸劍逆理不順不
可服故闔閭以殺王僚郢亦豪曹不法之
物無益於人故以送死湛盧五金之英太陽
之精寄氣託靈出之有神服之有威可以折
衝然人君有逆理之謀其劍則出故去無道
以就有道也越絕書亦云越王勾踐令歐冶
子造劍五枚大形一曰純鈞二曰湛盧三曰
鏌邪四曰魚腸五曰鉅闕吳王闔閭得其鏌

邪氣賜湛盧闔閭無道死殺生以送湛盧

乃女殺史記正義亦引越絕所記二說頗異

不同而俱記湛盧之如元冥綿之異聞吳越春秋

越絕書史記正義

吳王夫差時有雙鷺飛出鼓中而去古今樂錄

吳王夫差小女曰玉年十八歲童子韓重年十

九玉悅之私交信問許為之妻重學於齊魯

屬其父母使求婚王怒不與玉結氣死葬閶

門外三年重歸閶詰父母父母曰王怒玉結

氣死已葬矣重哭極哀慟具牲幣往弔王於墓側形見謂重曰爾行之後令二親從王相求謂必從願不圖别後遭命奈何王左顧延頸而歌曰南山有鳥北山張羅鳥既高飛羅將奈何志願從君讒言孔多悲怨生疾沒命黄壚命之不造冤如之何羽族之長名爲鳳凰一日失雄三年感傷雖有衆鳥不爲匹雙故見鄙姿逢君輝光身遠心近何當暫忘歌畢歔欷流涕不能自勝要重還冢重曰死

[illegible]道不敢承命王曰死生異路吾亦知之
然一别永無後期子將畏我爲鬼而禍子乎
欲誠所奉寧不相信重感其言送之還冢留
三日三夜臨出取徑寸明珠遺重曰既毀其
名又絶其願復何言哉時節自愛若至吾家
致敬大王重既出遂詣王自説其事王大怒
曰吾女既死而重造訛言玷穢亡靈此不過
發冢取物託以鬼神趣收重重脱走至玉墓
所訴玉玉曰無憂今歸白王王粧梳忽見玉

驚愕悲喜問曰爾緣何生王跪而言曰韓重來求玉大王不許令名毀義絕自致身亡重從遠還聞玉已死故齎牲幣詣冢弔唁感其篤終輒與相見因以珠遺之不為發冢願勿推治夫人聞之出而抱之正如煙然（錄異傳）又一說此女名紫珪魂出冢傍見重流涕遂邀重入冢三日三夜重請還紫珪以徑寸珠并玉壺贈之重齎二物詣夫差夫差大怒紫珪夢見於父以明重之事夫差異之悲咽流涕

因捨重以子孫耳之禮待之搜神記

吳王夫差坐殿上獨見四人向庭相背而倚王怪問群臣吾見四人相背而倚聞人言則四分走矣伍子胥曰如王言將失衆矣吳王怒曰言不祥子胥曰非唯不祥王亦亡矣後五日王復坐殿上望見兩人相對北向人殺南向人王問群臣見乎曰無後見子胥曰四人走叛也北向殺南向臣殺君也王不應吳越春秋

後漢時姑蘇忽有男子衣白冠神瑩瓌偉從者

六七人遍擾居民家人欲掩害即有風雨郡兵亦不能擒術士趙見聞之泛舟遽來登岸步至姑蘇臺即往謂郡守曰不欲見此妖乎乃淨水焚香長嘯一聲大風應至聞空中數十人應響見怒擲手中符如風少頃見此妖似有人持至者見曰何敢幻惑如此倏有旋風擁去見謂守曰可視之使者出門人已報云去此百步有大白蛇長三丈斷首路傍其六七逃者皆身異處亦黿鼉之屬（三吳記稽神異記）

晉元康中吳郡婁縣懷瑶家忽聞地中有犬聲視聲所自發有小穿大如螾穴瑶以杖刺之入數尺覺有物掘視得犬子雌雄各一目猶未開形大於常犬哺之而食長老或云此名犀犬得之者富昌當養之以目未開還置穿中覆以磨礱宿昔發視失所在矣瑶家亦無他太興中吳郡府舍中又得二枚物如初其後太守張茂爲吳興兵所害尸子曰地中有犬名曰地狼夏鼎志曰掘地得狗名曰賈

此類也法苑珠林搜神記

西晉永嘉元年吳縣萬詳婢生子鳥頭兩足馬蹄一手無毛尾黃色大如椀晉書五行志歷代神異感應錄

永嘉中吳郡趙文昭宅在清溪橋與吏部尚書王叔卿宅相近秋夜對月臨溪唱烏棲之詞音言淒然忽有一女子從女婢來姿態端麗云是文尚書家人比去解金縷留贈文以琉璃盃後遊清溪廟忽見琉璃盃在神女前又顧其壁畫侍女並是偕來者續博物志

晉太興中吳民華隆養一快犬號的尾常將自隨隆後至江邊伐荻爲大蛇圍繞周身犬便咋蛇蛇死隆僵仆無知犬彷徨涕泣走還船復反草中徒伴恠隨往見隆悶絶將歸家犬爲不食比隆復蘇始食隆愈愛惜同於親戚

太康二年吳郡米廩無故自壞是歲大飢晉書五行志

成帝時三吳女子簪白花望之如素柰傳言天公織女死爲之著服俄太后杜氏崩莚木錄

隆安初吳郡治下狗常夜吠聚高橋上人家狗有限而吠聲甚衆或有夜覘視之一狗有兩三頭皆前向亂吠無幾孫恩亂（歷代神異感應録）

謝邈之爲吳興郡帳下給使鄒覽乘樵船至平望亭夜風雨露船無所庇宿顧見塘下有燈火往投之得茅屋中有一男子年可五十方織薄别狀有小兒年十歲許覽求寄宿欣然相許小兒啼泣歔欷此人喻止之不止啼遂至曉覽問何意曰是僕兒以其母當嫁悲戀

故帝耳將曉覽去回視不見向屋唯有兩冢
榛莽甚深行逢一女子乘船謂覽曰此間非
人所行君何故從中出覽具以昨夜所見事
告之女子曰此是我兒宵欲改適故來辭墓
因哽噎至冢號咷不復緣出録異記
吳人費季客遊數年時道路多寇妻常憂之季
與同輩旅廬山下各相問去家幾時季曰吾
去家數年臨來與妻別就求金釵以行欲觀
其志當與吾否耳得釵仍以著戶楣上臨發

忘道此釵故當在戶上也爾夕妻夢季曰吾
行遇盜死已二年若不信向吾取汝釵遂不
以行留在戶楣上可往取之妻覺揣釵得之
家遂發喪後一年餘季[illegible]來歸還 搜神記
王敬伯年十八仕為東宮扶侍赴假還都行至
吳通波亭維舟中流月夜理琴有一美人從
二小女披幃而入施錦席於東床設銀鑪雜
果命綰髮者酌酒相獻酬令小婢取箜篌作
宛轉歌婢甚善低回殊久乃解裙中出黃帶

長二尺許以掛壁箜篌彈弦作歌女脱金釵扣
琴和之歌曰月既明西軒琴復清寸心斗酒
事芳夜千秋萬歲同一情歌宛轉婉以哀願
為星與漢光景共徘徊又曰悲且傷參差淚
成行低紅掩翠方無色金徽玉軫為誰鏘歌
宛轉清復悲願為烟與霧氤氳共容姿天明
分別女留錦四端卧具繡枕腕囊并佩各一
雙贈敬伯生以牙火籠玉琴爪答之來日聞
吳令劉惠時妾船中失錦及卧具等檢諸

同行至敬伯船獲之敬伯具夜來事及與從者女儀粧并所贈皆物令使檢之於帳後得牙火籠巾箱内奩中得玉琴爪令乃以壻禮敬伯厚加贈遺而別敬伯訪部伍人云女郎年十六字麗華去年遇病逝未亡之前有婢名春條年二十許一婢名桃枝年十五皆能彈箜篌又善婉轉歌相繼而死

虎丘山寺立塔掘基得一舍利空中天樂衆皆聞之并乳三日法苑珠林

劉元字幼祖少好雲水與劉裕善而輕何無忌遂不相得乃去裕遊吳郡虎丘山心欲留焉夜臨風長嘯望月鼓琴於劍池上忽聞環珮音一女子衣紫羅之衣垂鈿帶拜謂元曰吳王愛女願來相訪元曰吳王愛女豈非韓重妻紫珪耶少頃紫珪至便與元同行恍惚閭及一門約去虎丘二三里雖見宫闕唯聞風聲女謂元曰聞君與劉裕相得裕是王者然與何無忌不美此人恐為君患君若北還仕

魏朝宮亦不減牧伯曉忽不見乃在一大陵松栢下元乃北歸後仕魏累書州刺史〔稽神異苑〕

虎丘山寺有月支僧支曇籥特賦妙聲善唄弄嘗夢天神授其聲法覺因裁製新梵清響妙絶宋孝武勑請至郡從受五戒〔法苑珠林〕

楞迦山有唐侍郎輝祖墓凡十七世紹興間産紫芝數本未幾侍郎之子登進士第至公衣冠不絶

吳郡志卷第四十七

吳郡志卷第四十八

吳郡范　成大　撰

攷證

句吳太伯之奔荆蠻義而從者千餘家號曰句吳史記注曰句吳太伯吳也史記正義引宋忠世本注云句吳太伯始所居地名也許慎注淮南子云句吳吳人語不正言吳而加以句顏師古曰句夷俗之發聲也亦猶越謂之於越也史記正義又云去梅里東南六十里十

九世壽夢居之始號句吳與史記太伯時已號句吳不同疑正義誤太伯舊城史記正義云太伯居梅里屬今常州無錫去此東南六十里至九世孫壽夢居之二十一代孫光使子胥築闔閭城都之今蘇州是也世本又云諸樊徙吳今吳縣卽今蘇州二說不同大抵泰伯之後吳自梅里凡三徙而定居於今之郡城中間遷徙不出數十里之內也梅里屬吳縣史記正義唐張守節所撰是時或屬無錫歟

太伯古公長子韋昭云武王革商追封爲侯伯故曰太伯范寗曰太者善大之稱伯者長也案此恐只是伯之舊名韋説似近

仲雍太伯弟與其兄同奔吳世本云吳孰哉始居蕃離宋忠注云孰哉仲雍字也案雍之熟食故名仲雍字孰哉括地志云仲雍冢在常熟縣西北三里海禺山上蕃離今吳餘暨縣世本所載仲雍名字似鑿然不敢没其説姑寘於此餘暨前漢地理志云蕭山潘水所出

東入海應劭曰吳王闔廬弟夫槩之所邑師古曰暨音既

泰伯三讓今吳縣有三讓鄉孔子曰泰伯其可謂至德也已三以天下讓民無得而稱焉史記正義引江熙云太伯少弟季歷生文王昌有聖德太伯知其必有天下故欲傳國於季歷以太王病託採藥於吳越不反太王薨而季歷立一讓也季歷薨而文王立二讓也文王薨而武王立遂有天下三讓也又釋云太

王病而託採藥生不事以禮一讓也太王薨而不反使季歷主喪不葬之以禮二讓也斷髮文身示不可用使歷主祭祀不祭以禮三讓也

虞仲史記武王封周章弟虞仲於周之北故夏墟是爲虞仲史記正義引[illegible]本紀云古公有長子曰太伯次曰虞仲左傳云太伯虞仲大王之昭按周章弟亦稱虞仲何嘗是周章弟名仲初封於虞號曰虞仲然太伯弟仲雍又稱

虞仲者當是周章弟封於虞仲雍是其始祖
後代人以國配仲故又號之始祖爲虞仲
吳王壽夢書傳名稱不同史記正義解壽夢莫公
反當周簡王元年左傳云吳子乘卒杜預云
壽夢也左傳及世本文云吳孰姑壽夢也世
謂孰夢諸也春秋經書作孰音相近姑之言
諸也毛詩傳云舊讀月諸爲姑是以姑爲諸
則知孰姑壽夢一人耳又名乘
吳王闔閭十九年伐越越王勾踐迎擊之吳敗

于檇李左傳謂闔廬傷將指卒於陘史記乃
謂敗之姑蘇姑蘇自是夫差敗處史記正義
謂姑蘇檇李相去三百里疑太史公誤又吳
王夫差二年悉兵伐越敗之夫椒報姑蘇也
此語亦誤當云報檇李爾

吳王闔廬史記作此廬字它傳記又用此閭字
不能堅知其的今據所出處兩存之

三吳之說世未有定論十道四番志以吳郡及
丹陽吳興爲三吳又以義興吳興及吳郡爲三

吳郡國志謂吳興義興二郡爲三吳又云丹陽亦曰三吳元和郡國圖志亦曰興吳興丹陽爲三吳酈元注水經云建中陽羨周嘉上書以縣遠赴會至難求分置遂以浙口西爲吳東爲會稽後分爲三世號三吳吳興吳郡會稽其一焉按晉書成帝咸和三年蘇峻反吳興太守虞潭與庾冰王舒等並起義兵於三吳時冰爲吳郡太守舒爲會稽太守則是吳郡吳興會稽爲三吳又孫恩攻陷會稽殺守

之遣將吴晉率師救三吴并閩回爲吴興太
守時大饑穀貴三吴尤甚回開倉賑之不待
詔及割府庫軍資以救乏絶一境獲全詔會
稽吴郡依回賑卹據此則吴郡與吴興會稽
三郡爲三吴甚明又虞譚傳蘇峻反譚爲吴
興太守詔加譚督三吴晉陵宣城義興五郡
事又寧康二年太后詔曰三吴奥壤水旱併
臻宜時拯卹三吴義興晉陵及會稽遭水之
縣全除一年租據此兩處則義興固在三吴

之外而太后之詔會稽亦復在三吳之外豈一時稱謂未有一定之說抑史又自有詳簡差互耶或云虞譚所督三吳晉陵宣城義興計六郡而稱五郡譚自爲吳興太守矣增督五郡蓋丹陽其一也又以太后詔攷之則會稽決不在三吳之數且實救三吳者以孫恩既陷會稽遂逼吳中故云今當以十道四蕃志及郡國志別說爲正

吳會世多稱吳門爲吳會意謂吳爲東南一都

會也自唐以來已然此殊未穩今客館有吳會亭尤誤天下都會之處多矣未有以其地名冠於會之一字而稱之者吳本秦會稽郡後漢分爲吳會稽二郡後世指二淛之地通稱吳會謂吳與會稽也諸葛亮曰荆州北據漢沔西通巴蜀南連吳會謂北則漢與沔西則巴與蜀南則吳與會皆指兩地爲說南連吳會通言二淛江南形勢豈謂荆州獨連吳門一郡乎莊子釋文淛江注云淛江今在餘

杭郡後漢以爲吴會分界今在會稽錢塘其
云分界則言兩地尤明褚伯玉吴郡錢塘人
隱居剡山齊太祖即位手詔吴會二郡以禮
迎遣此證尤切六朝時亦有下吴會兩郡各
造船若干者如此類甚多或謂會稽二字可
以單稱會乎按宋元嘉時以揚州浙西屬司
隷校尉而以浙東五郡立會州以隋王誕爲
刺史此單稱會之證也

三江按司馬相如上林賦叙上林諸水曰丹水
紫淵灞滻涇渭八川分流相背而異態灝溔
潢漾東注太湖八川自入大河去太湖數千
里外中隔大山及淮濟大江何緣與太湖相
涉郭璞江賦云注五湖以漫漭灌三江而瀨
沛墨子曰禹治天下南為江漢淮汝東流注
之五湖孔安國曰彭蠡江分為三入于震澤
後為北江而入于海此皆未嘗詳考地理江
漢至五湖自隔大山其末乃遶出五湖之下

流徑入于海何緣入于五湖淮汝自從徐州入海全無交涉禹貢云彭蠡既豬陽鳥攸居三江既入震澤底定以對文言之則彭蠡水之所豬三江水之所入未必謂入于震澤也震澤之源皆山環之了無大川震澤之委乃多大川今三江故道古今變遷已不可堅究然禹貢之說謂三江之水無所入則震澤壅而爲害三江之水有所入然後震澤底定亦水之理也水經云中江在丹陽蕪湖縣南東

至會稽陽羨縣入于海震澤在吳縣南五十里北江在毗陵北界東入于海據此則水經亦謂中江北江皆在震澤傍近但其跡不可攷耳與孔安國謂彭蠡江分為三入震澤爲北江以入海遠近絕不同史記正義解三江既入震澤底定云三江者在蘇州東南三十里名三江口一江西南上七十里至太湖名曰松江古笠澤江一江東南上七十里白蜆湖名曰上江亦曰東江一江東北下三百餘

里入海名曰下江亦曰婁江於其分處號曰三江口又引顧夷吳地記云松江東北行七十里得三江口東北入海爲婁江東南入海爲東江并松江爲三江是也言理三江入海非入震澤也按太湖西南湖州諸溪從天目山下西北宣州諸山有溪並下太湖太湖東北流各至三江口入海其湖無通彭蠡湖及太湖處並阻山陸諸儒及地志等解三江既入皆非也周禮職方氏云揚州藪曰具區川

曰三江按五湖三江者韋昭注非也其源俱不通太湖引解三江既入失之遠矣郡國志引禹貢三江既入震澤底定韋昭曰三江爲吳郡南松江錢塘江浦陽江水經亦載韋昭以松江浙江浦陽江爲三江虞氏志林云江於彭蠡分爲三又云江自太湖出于海屈曲七百里世遂以韋昭爲謬謂錢塘浦陽元不與震澤相關也水經謂浦陽一名潘水在會稽界而彭蠡乃宫亭湖去震澤更遠虞氏之

說尤荒唐今松江之傍有小村落名三江口鄭善長云松江自湖東北逕七十里三江水入流謂之三江口吳越春秋云范蠡去越乘舟出三江之口入五湖之中皆謂此地史記春申君傳吳還爲越王禽三渚之浦正義引戰國策三江之浦即此是案三江口異名者三姑備錄之

五湖即太湖也風俗通云湖都也周官揚州其浸五湖張勃吳錄五湖者太湖之別名以其

周行五百餘里故以五湖爲名虞翻又云太湖有五道口則謂之五湖史記正義越敗吳於夫椒引杜預曰太湖中山也又引賀循會稽記云勾踐逆吳戰於五湖中大敗而退今夫椒山在太湖中洞庭山西北案此吳越戰於五湖直在笠澤一湖戰耳史記正義及顧夷吳地記又云五湖者菱湖游湖莫湖貢湖胥湖皆太湖東岸五灣爲五湖蓋古時應別今並相連菱湖在莫里山東周迴三十餘里

西口闊二里其口南則莫里山北則徐侯山西與莫湖連莫湖在莫里山西及北北與胥湖連胥湖在山西南與莫湖連各周廻五六十里西連太湖游湖在北二十里在長山東湖西口闊二里其口東南岸樹里山西北岸長山湖周廻五六十里貢湖在長山西其口闊四五里口東南長山山南即山陽村西北連常州無錫縣老岸湖周廻一百九十里已上湖身向東北長七十餘里兩湖西亦連太

湖文解五宗世家五湖之間云五湖謂具區
洮滆彭蠡青草也又云游莫貢陵爲五湖蓋
太湖東岸今連太湖蓋後五湖當是也今案
史記正義及顧夷所記五湖合並相連五宗
世家解又以後五湖之說爲是則五湖爲太
湖一湖甚明越絕書云太湖闊三萬六千頃
則一湖所占廣矣史記正義又引吳地記云
笠澤江松江之別沿又云笠澤即太湖則江
湖通爲笠澤矣楊州記曰太湖一名震澤一

名笠澤一名洞庭史記三苗國左洞庭右彭蠡裴駰注云今太湖中包山有石穴其深洞無知其極者名洞庭此洞庭非與彭蠡爲對者但通呼洞庭耳彭蠡即宫亭湖爾裴說殊爲不審又宋綏孫皓天璽元年臨平湖開又於湖邊得小石上刻皇帝字於是改天冊爲天璽元年孫皓以爲元皇中興之符證五湖之石瑞也以此見古人通名浙西澤數謂之五湖晉楊泉五湖賦以爲太湖而作此一

謂也陸龜蒙云太湖上稟咸池五車之氣故一水五名或又以太湖射貴湖洮湖一名長塘湖在義興上湖與滆湖為五湖九繆

葑門續圖經謂作封門取封禺山以為名封禺今屬吳興亦未有據按史記正義吳世家吳東門解云闔閭城無東門引吳俗傳越伐吳伍子胥見夢越軍令從東南入越王乃回向三江口岸築壇祭子胥乃開渠自羅城東開門入吳至今猶名示浦門曰鱄晉孚切鯙音浮又

伍子胥傳吳東門解亦云東門鱄門謂鯙門
也今名葑門越[redacted]開示浦子胥以濤蕩羅城
開此門有鱄鯙隨濤入故以名門顧野王云
鱄魚又名江豚欲風則湧據此葑門乃有別
意葑鱄音相近云
洞庭東西兩山在吳松江南太湖之中韋蘇州
謂皮陸唱和之所近時蘇子美詩云笠澤魚
肥人膾玉洞庭柑熟客分金即吳松江也今
去州之南所謂洞庭湖者即酈善長注水經

洞庭波乃湖水非江也蓋斥此湖爾比見岳州集古今題詠刻石龕于岳陽樓上如蘇州及陸又子美之詩皆在焉乃知地志不可不考

胥山在太湖口上有伍子胥廟舟行自此入太湖故名胥口或曰吳王既殺子胥盛以鴟夷投諸江史記謂吳人爲立祠於江上號曰胥山今自吳故城至胥山四十里之近殺而投之湖中容有此理後世乃以子胥爲濤神謂

漸江之濤子胥所作又以杭之吳山爲子胥祠或亦曰胥山然吳故城去漸江乃三百八十里不應投弃如許之遠以事理論之吳之胥山爲近吳録又云胥山在太湖邊去江不一百里故曰江上今胥山去漸江何止一百里吳一録所指或指松江耶今具存其説云古今廟宇遷移固不定而張守節作史記正義解言祠江上名曰胥山謂太史公之説非是引吳地記云越軍於蘇州東南三十里三江口又

向下三里臨江北岸立壇殺白馬祭子胥杯動酒盡因立廟於此江上今其側有浦名上壇浦至會稽太守糜豹移廟於吳郭東門外道南顧夷作吳地記時其廟尚在案此即始廟不在胥山太史公乃云因命曰胥山正義又引吳地記云胥山太湖邊胥湖東岸山西臨胥湖有古子胥一王廟張守節據此廟不干子胥宜太史公誤矣據此則史記所云尚又疑乾道中胥山廟復廢今人復脩之始據

史記所説以祠子胥有何器分者著書題其廟額而盤門内亦有鴟焉王充論衡亦論濤神之誣曰儒書言夫差殺子胥煮之於鑊盛以囊投之於江子胥恚恨臨水爲濤溺殺人夫言吳王殺伍子胥投之於江實也言其恚恨臨水爲濤者虛也衛菹子路漢烹彭越子胥勇猛不過子路彭越然二士不能發怒於鼎鑊之中子胥亦自先入鼎鑊後乃入江在鑊之時其神豈怯而勇於江水哉何其怒氣

前後不相副也

城隍廟其初春申君也唐碑具在按史記春申君於楚請封於江東因城吳故墟以爲都邑越絶書吳伐楚封春申君於吳吳地記春申君嘗造蛇門以禦越軍其說不同宜以史記爲正

婁縣在崑山縣東北三里一村落也蓋崑山舊治或云在漢爲婁縣後避錢鏐諱改崑山案吳志張昭拜輔吳將軍封婁侯則縣之爲婁

舊吴漢書皆改於王莽時

信義古縣名齊梁時分婁縣置信義縣屬信義郡大同初廢復分信義屬崑山今縣西二十里有村曰信義疑此古縣地也土人或訛爲鎮義

韋蘇州唐史不爲立傳故其行事頗逸按白樂天吴郡詩石記云貞元初韋應物爲蘇州刺史後三十七年樂天亦佩蘇印實寶曆元年郭中目應物尚碩人則在當時已有重名應

物詩清深妍麗有六朝風致其自敘乃謂少時以三衛郎事元宗豪縱不羈元宗崩始折節讀書然觀其人賦性高潔鮮食寡欲所居掃地焚香而坐而詩格高潔不似晚節把筆學爲之者豈其自序之過與然天寶間不聞蘇州詩則其詩晚乃工耳宋景文作唐書文藝傳舉唐之能文者皆在至於蘇州集中亦足攷其履歷乃以爲史家軼其行事竊不書惜哉劉禹錫集又有大和六年舉自代一狀

然應物温泉行云北風慘慘投温泉忽憶先皇巡幸年身騎廐馬引天仗直至華清列御前又有出身天寶今幾年之語則常建事天寶間矣又燕李録事詩云與君十五侍皇闈曉拂爐煙上玉墀以錫年無歲考之天寶元年至大和六年計九十一年應物於天寶間已年十五不應能至大和間也議者謂禹錫與白居易同時認應物輩行遂不同禹錫所舉或別是一人也韓駒蔡寬夫等詩話

半夜鍾按唐張繼楓橋詩云姑蘇城下寒山寺
半夜鍾聲到客船在閶門外七里歐陽文忠
公云句雖佳其奈三更非撞鍾時歐公蓋未
嘗至吳中今吳中僧寺實半夜鳴鍾或謂之
定夜鍾不足以病繼也南史丘仲孚吳興人
好學讀書常以中宵鍾鳴爲限阮景仲爲吳
興守詩云半夜鍾聲後白樂天亦云新秋松
影下半夜聽鍾聲吳中半夜鍾其來久矣又
于鵠送宫人入道詩定知别後宫中伴遥聽

緱山半夜鍾温庭筠詩亦云悠然旅榜頻回首無復松窻半夜鍾何獨於鑾而疑之王直方石林二詩話詩眼學林新編

響大師崑山慧聚寺石像也寺創於梁天監中開山僧名惠響今有古石像在靈山院小洞中俗人扣之鏗然有聲遂呼響大師以爲山中奇事甚可笑響後駐錫楊子江心蝦蟆山於此入滅山上僧院有碑刻載崑山創寺本末頗詳

崑山古上方有孟郊張祜留題詩或云郊隨
任崑山尉因有篇什按韓文公郊墓誌云父
庭玢娶裴氏女而選爲崑山尉生郊及二季
酆郢而卒考此語是郊時方幼稚本傳亦不
言其幼稚能詩上方留題或者疑乃其父庭
玢所作不可知或又云郊後長大問其母身
所生之地母云父任崑山尉時郊遂遊吳至
崑山乃留題事無考證未敢信摭言載白樂
天出守蘇州科場將關方干來求解頭而張

祜適至無何二人言語喧爭於席上由是二人俱不得解頭而去祜之留題必是樂天守蘇時也

太和宮在盤門外續圖經云唐相畢瑊之別業

按畢瑊未嘗相相者畢諴也

外岡青岡古冢岡澗岡塗松岡徐衙岡福山岡

舊圖經云並在吳縣界今次第攷之上四岡屬崑山下三岡屬常熟言其地則與吳縣相遼絕

織里橋今訛爲吉利橋
帶城橋今訛爲戴城橋
交讓巷今訛爲甘棠巷

吳郡志卷第四十八

吳郡志卷第四十九

吳郡范　成大　撰

雜詠

吳中風物之美騷人墨客凡所賦詠皆以類見無所附麗者則萃于此其目有八

一曰紀詠

白居易　吳中好風景詩二首　吳中好風景八月如三月水荇葉仍香木蓮花未歇海天微雨散江郭纖埃滅暑退衣服乾潮生船舫活兩衙漸多暇亭午初無熱騎吏語使君正是遊時節。吳中好風景風景無朝暮曉色萬家煙秋聲八月樹舫殘絃管動橋擁旌旗駐改號齊雲樓重開武丘路況當豐熟歲好是歡遊處州民勸使君且莫拋官去　崔[illegible][illegible]韻

滄渚問吳瀨吳門過春橋夕煙楊柳岸春水木
蘭橈城邑南樂近星辰北斗近無因生羽翼輕
舉託還飛[illegible]東盤門到眼明蕭
蕭蹤雨更陰晴綠楊白鷺偶自待近水遠山皆
有情萬物盛衰天意在一身輕若俗人輕無窮
好景無綠住旅絕區區遠來亦行[illegible]
賞蹤委喜草行冬思悠悠昔日何人處終年水
自流孤煙村戍亂南海門秋吟罷獨歸去煙
雲壽慘愁[illegible]館娃宮外姑蘇臺鬱
鬱芊芊撥不開無風自偃君知否西子裙裾曾
拂衣
三日遊覽[illegible]上春遊南峯出白閶能
西崎崛綠田陂時又沙狹磴午刻至
峯下先讀闕石碑背漶頗新鮮丹青見鐫云
昔支公居石迹有焉跡踰嶺到天平上鐫石屋
危巖壁瀉白泉劉之巳忘痰西巖列窓戶玲瓏
遠料聊嵌然似餔餟人力安可施窗窗下大清

市物俗所宜琴臺昔嘗遊回首憶曾題南句又
度鬱蒼麋鹿蹊樹身翻寶華未到鐵法聲鞏拄
翻覓嶺路平如隱鏡寺壓西山腳三茜殘屏
夜闌宿虛堂清甚無妄思西南登莞峯條云
見所長洪川不能洪上有萬峩漫守道含藍龜
從着亦析衣翻陸巧步藥健馬莫可追幽谿嶮
嶇崴西股殿不齊巖雨灑磴滑惟頻杖節扶四
顧物象殊新圖繪自描竹木互支撐小階仍險
潛凌晨過濟山蹤躋寥廓低身如揷翅鳧下見
鴻鵠舉却視來壑林密苔蘚蒙密是皆樗櫟材
春發綠翠姿一方絕碧瓦樓殿貼飛石萬
噴湖東澳是相送目窮白煙開風驅銀山移旁
過折腰然鐵輪盡顛蔾近爲震靈拔之然一覽
樂未知云之意態然將何爲逃遁職薦福寺此
路側池清無一點塵積薰瑠璃寶積仰脩行
遷如翠羽旗搦迦曇花藥是亦傳者非此渡千
文橋柱梟櫸饒鶩櫬衣附而飛愁爲溪風吹還
勝輒自留仰齋巾瀠讀詠言嘉讓浪把酒先嘻

嚚子頑闒竒怪暗昧惟瀁洛及壘城中居城人
誅未知自謬身彼留難將憂祿辱紛然著鄙亭
希去爭自私向慕却是喜反復又自疑神明白
夜往內經行者尸何由罷塵坐榮辱兩莫期清
泉與白雲終老得自怡[illegible]

大夫人觀燈二首

不覺未輪輾遂塵芳著繐幰
錦纏輪洛瀆侍從三人貴京兆平反一笑春但
逐東山攜妓女那知後閣走蕭賓濟留不見榮
華弄空作賫詩第七八。翻翻纓騎走香塵激
激飛濤射火輪美添留連三夜月聲存傾倒五
洸春安排詩律追強對蹭蹬歸期爲惡寶隨瑲
遺簪想無限華胥簪見夢回人

[illegible]

[illegible]彭山隅重湖澹日見孤塔揚舲入空曠煙
樹散鷗鴨山中老灌僊萬頃纖芥納乘風落珠
粟頑色遠相答平生爾洪分磁鐵契已得萬緣
一氣空箇與無剩法方舟過谷隱風雨寒霎霎
黎明帶星歸尚及齋鼓踏臨岐戒後會梅熟新
漁陣湖戍退濂楫冀忘鷗盟歡

三百言過吳門　煙水吳都郭閶門架碧
流綠楊淺深巷青翰往來舟朱戶千
家室丹樓百處樓水光搖極浦草色辨長洲
作孫衣[illegible]曾為旅棹遊放歌遺楚老清宴奉諸
侯自唐元和以來徐脩李季何段　常賓客以布衣多遊兵中事夏鄉首為
叶圖當時賓客題吏樂徒寺僧里客經十人僧會
至於章子蒞寺聽鸎入春湖看鶴留里吟傳
綺唱款調橋轉指絲飲波通闤闠浮竹
棄梅蕪藏欄閭幽絕堵荒麋苑穿巖鐵兎
丘舊圃譜藏鼓餘俗尚吳鈎故館曾閑訪遺基
亦徧搜吹臺山木叢香徑佛宮秋帳殺荻蒲搶
雲房霧露城亭羅妖發滅荊棘鬼包羞風月戲
黃綬經過半白頭郡人酒面徒負[illegible]和至七年余以技吉部從為
來冠蓋客非復別離愁蘇州裹　余郡則元和會
陌前雉驛外郵水驛門[illegible]柳引鳴騶問吏
見孫隔呼名禮數稀顧占路循昔語默過悲憂

義感心空在容惠日易合還滄海詔從此布
皇猷**韋應物軍中冬讌**滄海已云晏皇恩猶念
勤式燕編恒秩柔遠及斯人茲郡實大藩伐鼓
軍樂陳是時冬服成戎士氣益振虎竹謬朝寄
英賢降上賓楚饗周旋禮娛無海陸珍庭中丸
劍蘭堂上歌吹新光景不知晚觥酌豈言頻單
醪昔所感大釀況同紛顧謂軍中士報荅何由
申**曹□春日□□□□□道中書事**勝異恣
遊應未遍路歧猶去幾時還浪花湖闊上峴
柳線村深鳥雀閑千室綺羅浮畫舸兩州絲竹
會茶山眼前便是神仙事何必須言洞府間**王**
元之盡經吳蘇地瓊花冷不銷時賢臨水國天
氣似春朝客遊江雲隨輕隨海吹飄影沉松鳩
亂片響遺達焦黔拂龍頭舫繞鋪鶯齒橋煮茶
收歲討云稱採民謠拔筍芽先出敗梅蘂自濶
謙言未盈尺猶稱不封條郡齊黃霸明君遺
帝竟縣官惜歌詠翻恐笑漁樵**李嘉祐**自蘇臺
至望亭驛人家盡空春物增思悵然有作因寄

[illegible]弟紵。南浦菰蔣覆白蘋東吳黎庶逐黃[illegible]
野棠自發空流水江燕初歸不見人遠樹
依依如送客平田渺渺獨傷春那堪回首長洲
苑烽火年年報虜塵[illegible]新合
曉芳天良會難并樂與賢[illegible]白公[illegible]
車三月始開筵[illegible]三旬腹宴[illegible]
君二家雨中飲酒二首小颸陰陰[illegible]方塘
灔灔欲生紋已煩偎袂來行雨莫遣歌聲便駐
雲首對綺羅辭白酒試將文字惱紅裙今宵記
取醒時節點滴空堦獨自聞。五紀歸來鬢未
霜十層樂列坐生光彩[illegible]渡口絶秋女駐馬橋
邊問泰娘曾把四絃娛白傅敢將百草鬬吳王
從今卻笑風流守畫戟空凝燕寢香皮日休吳
中言情寄魯望古來傖父愛吳鄉一上香臺不
可忘愛酒有情如手足除詩無計作膏肓宴時
不輟琅書味齋日難判玉鱠香為說松江堪老
處滿船煙月濕莎裳陸龜蒙菰煙蘆雪是儂鄉
釣線隨身好坐忘徒愛右軍遺點畫閑披左氏

得膏肓藥因月數聞穢釁祗有風汀去採香莫問江邊魚艇子玉皇看賜羽衣裳

蘇子美九月五日夜出盤門書呈黃尉

紺紬幕見黃金鉤珠璣磊落澄（一作泠）不流紛紛蝟景動波上的的遠勢生（一作情）沙頭前山漸昏漁唱自晚有蹤葦吟窮秋詩方嬰機對此景時欲乘興長城遊青娥蕩槳忽遠至鈍有雅約猶頻羞綠舟鮮明四窗開蘭酎辛滑佳賓留歌餘清洌貫衆耳笑動姿采生香犕玉盤膾鱸光一色飯簇肴核隨所搜河斛參倒氣愈浩我起飲子子必酬共知此會不易得邂逅得此難再求區區才知自勞役擾擾塵俗多悲憂已醉更歌更起舞明日分散空離愁

蘇子美邂逅劉公先於平望之西聯舟夜語走筆敘意

昔別蘋初生離謳發清商契闊幾何時遺轉猶在梁我亦遊宦者吳會非我鄉三考一瞬息扁舟此徜徉邂逅通夕語弭棹水中央歲影月照戶遙聞鴈南翔攄意良未盡詎及羅酒漿吾今去尚千里道路阻且長嶔崎慎所歷無令

笛斷吹黃[illegible]寒食家家踏曉晴好風吹我出
直城幾灣野水迎人白數點家山刮眼明已有
鶴猿熟爽樂何須鵝尾追饒行山前父老應相
笑爲我頻來學送迎林希初至[illegible]
呈伯原教授憂寂家山忽五春愚恩乞與守符
新使推白傅爲前政更得梁鴻作部民入境喜
逢餘衰懷擲杯無復歎鱸尊左司西掖識非據
尤是詩情愧昔人夢得與樂天詩云蘇州刺史例能詩西掖今來替左司余叨西有故偶及之

四曰懷古

許渾宮館餘基輟棹過黍苗無限獨
悲歌荒臺麋鹿爭新草空苑鳧鷖占
淺莎江上雨來虛檻冷海邊風起遠帆多可憐
國破忠臣死日月東流生白波陸龜蒙[illegible]吳
宮詞二首膏腴吳都妹眷戀便殿宴遊巡新吞
人轉面見戰箭。紅纖遍東風翠珥醉易墜平
明兵盈城弃置遂至地皮日休浸深尋山歎少芳
厲衛睥睨荒王將鄉亡細麗蔽襟逝。[illegible]指若
製曳康莊傷荒凉主虜部伍苦嬙亡房廊香[illegible]
[illegible]越兵驅綺羅越女唱吳歌宮盡花聲少臺荒

麋跡多茱萸垂曉零[illegible]露落秋波無遺君王醉
滿城嚬翠娥。香運[illegible]吳宮千帆落照中鐵鳴
山苦雨魚躍水多風蟬帶晚莎綠池塘秋蓼紅
當年國門外誰信伍貟忠[illegible]
下第歸吳南姑蘇臺枕吳江水層級蘇差向天
倚秋明雲白鷺掠空低望吳田三百里當時雄
盛何如此千仞無限江平地臺前夾月吹玉鸞
臺上迎涼撼金翠錢可倒瀉君王醉灩酒峨冠
聘西子宮娃酣態舞嬋娟香靨四殿真珠[illegible]伍
負結舌長戲欲忠諫無聞能到耳城烏啼晝海
霞鎖深掩金屏日高睡王道潛隨伍貟死河斗
中間嗜王氣會猜[illegible]殘雖長矛萬里馬蹄歸空
壘瓦解冰消真可恥疑艷妖芳實足恃可嗟荒
苑雨冥濛麋鹿呦呦遶遺趾君懷遶氣還東吳
狂吟日日遊姑蘇興來下筆倒奇景璧盤遊灑
蛟人珠大鵬矯翼翻雲勁危峯霧後凌天孤海
潮秋打羅刹石月[illegible]夜當彭蠡湖有時寂思萬
慮無覓幢髣髴遊仙都琳琅暗裒至華殿天會

許髮金芙蕖君聲日下聞來久清賠何人堪敵
手我追名迹遁西林不得灞陵傾別酒莫便五
湖爲隱淪年年
三十界慻人

五日題贈　蘇舜欽荅章傳　發官旅吳門迹與世
經交聖賢放意狎魚鳥志氣內自充藜藿日亦
飽不圖名利場有士同所好南閩章其氏傳名
字傳道清晨闖予門疎爽見姿表大篇噫音嵩
爛漫風力老安敢當所褒讀之欲驚倒閱軒延
與語指亦有深到平生踏京塵識子恨不早栽
琖珊瑚枝本不自彫巧當珍玉府中何故委褒
草秋風還故鄉無或歎枯槁貴富烏足論令名
當自保　王元之贈草庵禪師　陽山山下草庵深
（陽□亦名□竟）寂寂香燈對遠岑莫怪相看總無語坐
禪爲政一般心　梅摯贈張無夢　一夢浮生無夢
貞先生真是古之真（□待日古之真人□□夢其贊無夢）其藥函
哉得瑤章淡還寄吳門吏隱人（獻輪詩說先散生諸）

人去[illegible]李三十年石刻今存蘇州右册[illegible]守領郡須察佳南以昌見之先生遂承之平長

六曰寄贈

樂天重答劉和州　來篇云蘇州刺史例能詩西掖今來替左司[illegible]是吳王樓閣

分無佳麗敵西施敢有文章替左司隨分笙歌聊自樂

閑篇詠被人知花邊妓引尋香徑月下僧留宿

劍池可惜當時好風景吳王應不解吟詩[illegible]徑香橋

[illegible]娃

張籍寄白二[illegible]詩

三朝出入紫微臣

頭白金章未老身登第早年同坐主題書今日

是州人閶門柳色煙中遠茂苑鶯聲雨後新此

處吟詩向山寺知君忘却曲江春

皮日休吳中書事寄漢南裴尚書

[illegible]無事鑠蘭橈鄉味腥

多[illegible]紫蓴[illegible]水似棋文交度郭柳如

行障纈遮檣青梅帶重初迎雨白鳥群高欲避

灑唯登[illegible]知憐此意得為繪畫也逍遙

陸龜蒙

風清地古帶前朝遺事紛紛老寂寥三泖涼波

魚蕝動　遠祖[illegible]對晉武帝以三[illegible]名[illegible]　五茸春草雉媒嬌

[illegible]雲藏野寺分金刹月在江樓倚玉

閒不用懷歸忘此景吳王看即奉弓招王禹偁

[illegible]致仕[illegible]丞橋映家家柳煙通處

處漁海山微出地湖水遠同天草淺潮泥上步

明聲火然應隨白太守十隻洞庭船又贈

[illegible]全吳氣象豪詩思合飄飄風雅久參

落江山應寂寥會將趣古淡先可質浮囂好是

長吟髮霜大看怒潮王琪除夜寄羅[illegible]同

[illegible]歲暮洞庭山知君思浩然年侵曉色盡人枕

夜濤眠鼓棹燈搖浪閉窗雪薪天無因一乘興

同醉太湖船[illegible]知府[illegible]清德臨

蕃第三回東南時望帶鹽梅武林間歲移星座

溫樹多年直斗魁楚客江山供逸思吳王風月

屬高才空傳宴寢凝香句（事云[illegible]中前後多[illegible]題詠[illegible]句傳誦）

祿文酒無因得仰陪又寄[illegible]皐橋[illegible]蘇

有梁鴻洛下嬰嬰信未還金谷[illegible]為年少客滄

浪翻作主人翁山川勝氣生吟次風月高情寄

飲中身外不須論得譬儻來軒冕古今同蔣之

奇賀兄之翰龍圖[illegible][illegible]二首久次名香厭粉闈

懇求茂苑得州麾扫尋曾見建臺勝館臺有池閣之勝之
時遊蘇州猶憶當年九秋聽入里下車修撰曰
過家上冢致哀時傳詩二韓事。猶羈絆萬里邊沙
遠帥[illegible]。早同侍官向長沙
湘今擁旌麾訪舊尋幽古風流詩酒地喜蘇州
後府蘇州[illegible]承平便拂衣鄉邦還得
擁旌麾昔年曾預[illegible]列提老一籌疑筆硯隨自考貲
少太[illegible]忠義一門均許國
袞萬石亦遭時[illegible]人。朝廷虛日方圖
任功業當看帝載[illegible]。從來踈拙懶身謀
攬轡登車已倦游幸有鄉鄰為樂地何妨吟嘯
老東州[illegible]報白召物來已度江南
春江南春色何處好[illegible]放官道春城三
百七十橋夾岸朱樓隔河[illegible]韻中見盪畫槳
長袂共郎簪翠惹郡齋北軒卷羅幕碧池逶迤
遶華閣池邊綠竹桃李花花下舞筵鋪彩霞異
娃足情言語黠越客有酒中冠斜坐中皆言白
太守不負風光向杯酒酒酣襲殘飛逸韻至今

傳在人人口報白君相思空望嵩丘雲其奈錢
塘蘇小小憶君淚點石榴帬 白君有[illegible] 自洛歸錢塘 [illegible]
白舍人曹長寄新詩有遊宴之盛因[illegible]
蘇州刺史例能詩西掖今來替左司二八城門
開道路五千兵馬引旌旗水通山寺笙歌去騎
過虹橋劍戟隨若共吳王鬭百草不知應 一作
是欠西施

七日留別 [illegible]居易[illegible] 浩浩姑蘇民鬱鬱長
洲城來慙荷寵命去愧無能名青紫
行將吏班白列黎甿一時臨水拜十里隨舟行
餞筵猶未收征棹不可停稍隔烟樹色尚聞絲
竹聲悵望武丘路沉吟滸水亭還鄉信有與去
郡能無情 [illegible] 兩載求人瘼三春受
代歸務繁多簿籍才短乏恩威共理乖天獎分
憂值歲饑處處豪交郡鼓[illegible][illegible]封 二又二三諧 翔安敢整
朝衣作牧慙為政恩鄉念式微儻容還故里高
卧掩柴扉 賈島[illegible] 人過梅

黃上歲歲北風塞塵自疏舟去青山萬里看轅
舉湘水靜草汪洞庭寬已料生涯事只應持釣
竿。寄方牧別駕徘徊閶闔悵望極滋
蘇慨矣差荒運悲哉惜霸圖予常終覆鄙宰辭
遂亡吳宮毀誰巢竇城空有樂鳥茲邦號端委
多士自湘趨照廡同燕石光車等魏珠言離已
惆悵念別更踟躕若訪任公子求爾東海隅寄
劉將之官吳門因効白樂天體被詔守東吳夜
渡揚子津瞰自迎家山洗我京洛塵此邦多賢
豪況復平生親初欲循故事公宴月三旬庶以
我契闊豈純樂吾身臨州未閱月吏牘方紛紜
避嫌俄得請主地誰為賓樽酒未重持行樂知
何因物理可嘆數俯仰迹已陳趣整震澤帆遙
提敬亭春五月而報政速哉彼棄人令我若置
郵何德於吳民舉手謝吳民自笑行役頻使君
[illegible]節詩煩如迎送勤來慙白太守去媿謝宣城
[illegible]將行懷吳門朱伯原虎丘換得敬亭山句
水松陵數舍間天下難如兩州好君恩乞與[illegible]

自闕漸無縣許煩敲朴喜有林泉藪澤
遂獨想朋來隱君子思歸時見鬢毛斑

八日贈別

獨孤及送長洲劉少府貶南巴使牒洪州序

曩子之尉于是邦也傲其跡而峻其政能使綱不紊吏不欺夫跡傲則合不苟政峻則物忤故績未書也而謗及之臧倉之徒得騁其媒孽于於是竟謫爲南巴尉而吾子直爲子已仕慍不見色於其胷臆未嘗帶芥會同譴有叫閽者天子命憲府雜鞫且廷辨其濫故有後命俾除館豫章俟條奏也是月也艤船吳門將泝江而西夫行止者時得喪者機飛不搏不高矢不激不遠何知去南巴之不爲大來之機括乎由圖南而致九萬吾唯子之望但春水方生孤舟鳥逝青山芳草柰遠別何同乎道者盍皆賦一詩以貺吾子

歐陽詹送許少府任序

始入仕一有縣尉或中或上或緊銓衡評才若地而命之至於緊無得幸而處而緊中之美者尤難其人今年孝廉郎高陽許君授常熟

尉者實緊中之美君十三舉明經十六登第後
三舉進士皆屈於命去冬以前明經從常調蔭
資貴中之乙判居等外之甲既才且地擢以是
官夏四月蹟躋之官王貌青春芬芳有清望棠
陰而委質鬱蘭室以辭覿征車轔轔所往在目
異時九何由茲一贊在邦出家不出於忠信許
君常以爲己任夫何恤哉士之生懷四方之志
軫念於離别非所以爲上也行乎[illegible]
兄五趣崖山主簿序
上君子筮仕之門有以代
德麻襮而奉清廟齋祠者及夫試吏就禄與秀
才孝廉郎等盡以薦臘流慶後昆冝之其於獎
人爲善之義深矣從兄承昌奕纂纘之後荷嚴
鼗文誼之訓敏於學行而薄於宦名乃今調於
天官署崑山主簿以姑胥之邇邑士衙之佳句
僑舊耕植多依是間上有良二千石爲吏諸侯
表率其勸躬敬事夙夜勤敏惟輪積六載於
平從弟中書舍人德輿序其所繇俾群從偕
[illegible]編三載爲吳郡臨岐祖帳開雖非謝琴默

且爲一徘徊。汴水閶門外秋風吹柳條悠來
送客處今日自□銷 白樂天代諸妓贈送周判
官 妓莚今夜別姑蘇客棹明朝向鏡湖莫泥扁
舟尋范蠡且隨五馬覓羅敷蘭亭月破能回否
娃館秋涼却到無好與使君爲老伴歸來休染
白髭鬚 又[illegible]
行湖州獻 欲下持衡詔先容解印歸露濃香後澤
霜薄霽來威舊化堪治疾餘恩可療飢隔花攀
去棹穿柳挽行衣佐理能無取酬知力甚微空
將千感淚異日拜黃扉 陸龜蒙[illegible]郡
錢[illegible]六龍 已報東吳政初揖左契歸天應酬苦
節人不犯寒威再上思重借朝端望載飢紫泥
封夜詔金殿賜春衣對酒情何遠裁詩思極微
待外鎔造日江海問漁扉 李[illegible]送客歸吳 江村
秋雨歇酒盡一帆飛路歷波濤去家唯坐卧歸
島花開灼灼汀柳細依依別後無餘事還應掃
釣磯 張衆甫送李司直使吳 使臣方擁傳王事
遠辭家震澤逢殘雨新豐過落花水萍千葉散

風柳萬條斜何處有離恨春江無限沙

杜牧送沈處士赴蘇州李中丞招以詩贈行

山城樹葉紅下有碧溪水溪橋向吳路酒旗誇酒美下馬此送君高謌爲君醉念君苞材能百工在城壘空山三十年鹿裘挂窻睡自言隴西公飄然我知己舉酒屬吳門今朝爲君起懸弓三百斤囊書數萬紙戰賊即戰賊爲吏即爲吏盡我所有無惟公之指使予曰隴西公滔滔大君子當思掄羣材一爲國家治譬如匠見木碍眼皆不弃大者麤十圍小者細一指榰梠與棟梁施之皆有位忽然豎明堂一揮立能致予亦何爲者亦受公恩紀處士常有言殘虜爲犬豕常恨兩手空不得一馬箠今依隴西公如虎傅兩翅公非刺史材當坐巖廊地處士魁奇姿必展平生志東吳饒風光翠巘多名寺踈烟亹亹秋獨酌平生思因書問故人能忘批紙尾公或憶姓名爲說都憔悴

杜牧懷吳中馮秀才

長洲苑外草蕭蕭却筭遊程歲月遥惟有別時今不忘暮烟秋

雨過楓橋[illegible] 送張尊師歸洞庭 能琴道士洞
庭歸風滿歸帆路不迷對岸水花霜後淺傍簷
山果雨來低杉松近晚移花塢巖谷初寒蓋藥
畦他日相思兩行字誰人知處武陵溪 又[illegible]
[illegible] 二年無事客吳鄉南宅春深碧
草長共醉八門迴畫舸獨還三徑掩書堂前山
兩過洞塘蒲卜阮秋歸枕簟涼經歲別離心盡
苦河塹紅葉下閒潭 [illegible] 寂寞
俱不偶褰裳提空入秦宮途已識歸臥包山春
舊國倚飛鳥滄波愁殺人開樽洛水上怨別柳
花新 [illegible] 江山萬萬里歸白指
何峰未入遊重可絕巘越泉鍾風香迴落[illegible]秋
色出庵松苦必兵人滴須降震雷龍 [illegible]
[illegible] 吳國水中央波濤白渺茫衣滴梅雨漬
船入稻花香窮[illegible]通聽籠山材帶蜜房欲知蘇
小小君始到錢塘 [illegible] 去意
無人命唯應直女從牙湖泰早月中路入蹤鍾
秋盡戶添急衣[illegible]山雨重當時將隱者分得幾

株松[illegible]稱爛荷圓六月
天歸帆高背虎丘煙[illegible]時白見戍行雁別勲休
聽蕭樹蟬黃鈎[illegible]賒豈市酒[illegible]家猶借洞庭船
待看春[illegible]來江外名占達葉第幾僊[illegible]
日送人[illegible]江城寒食下花木慘離魂幾宿投
山寺孤帆過海門[illegible]聲發火雨柳色禁煙村定
看高堂後班衣淚痕[illegible]儲
綜辭[illegible]使[illegible]舊遊陶潛今日在瀛洲斜
條畫曉三下罘罳圖歷空十二州情綬有香龍
驛馬皇華無暇狎沙鷗歸來重過姑蘇郡莫志
題名向虎丘[illegible]江雲春重雨垂
垂索寞情懷遊[illegible]不慣東流促迴棹羨他鄉
燕逆風飛[illegible]丹舸傍江潯
嘔啞逐艣音新秋荷片玉能政引孤琴美蓮宮
坊扶發語里閑心名參天下雋歌著邑[illegible]一點地
志邊香徑家園帶武林吳山幾屏秀甍[illegible]萬
深曉鼓停餘疊秋帆別半陰平時較方驛後衣
望橫[illegible]何妨[illegible]江亳且刺吟悠悠河丨別

千里藝朋瞽[illegible]秋風絲
處趣張錫不留行却肯嵩雲去迎看淮月生禪
適少杰縣詩得亭山清幾夕巖窗下忘賦聽溪
聲[illegible]洞庭五月水生寒
盧橘楊梅已滿盤[illegible]伯窮前看走馬闔閭鼓下
見驂鸞吳娃結束[illegible]新守符吏趨蹡拜上宮
過揚州能讀否劉郎[illegible]懿處勸須覔[illegible]
[illegible]吳江田有粳稏香舂作雪吳江下
有鱸鱸肥膾堪切[illegible]一甕銅盤蓴鱸飽食不爲餐月
從洞庭來光映寒[illegible]巴長橋坐虹背衣濕露未
結四顧無纖雲魚[illegible]明鏡裂誰能與子同去賭
鷹擊[illegible]蹤[illegible]吳山[illegible]
尋倚晴空潘令風流向此中雨飽公田方稼稔
春生香逕離葩紅綠[illegible]淩波駛蘋鯉駢頭
蔫俎豊玉季情深[illegible]南雲廷艇發飛鴻
[illegible]姑蘇望五湖范[illegible]
蠡扁舟竟何去吳王宫殿惟荒墟使君誰何好
門恕寬則[illegible]則虎只今[illegible]治聞黃公更得

高才歸慎府[illegible]老[illegible]風化流行成樂
吐昔分別對[illegible]論軒軒動人主在持僕
節臨朔方[illegible]雨至上青䙰謙撻指
阜端有[illegible]非吾吳不用東方
目爲晁[illegible]佳人何必西施妙歌舞盛
傾緑酒[illegible]從大梁去[illegible]
秘校今沿皖溪悠悠天柱雲雲行水光動木
洗雲影兮幽人[illegible]郎吟孤絶迥出群資凌雲木
秀繹此臺培紛爲倏言別爲舟連夜發汴[illegible]
粘蘇臺而坐太[illegible]月却尋史遷迹但見蒼煙藏
覽古竟論今[illegible]拙有才不得施著書賄
後世何必署[illegible]自享千載貴鯉魚秋正熟雲
劉長史[illegible]角[illegible]頭向晚悲愁餘代歸歸己踐岐
泉味尤美若逢[illegible]市門更訪長生理[illegible]
西郭袒帳傾離筵敬南國離聲動管絃下單去恩
歎郭父二年遺愛泣民見甘棠歎寶江邊路上
送清陰敵帯詩[illegible]衛尉
新除叢邊次公便把符綾向江東秋[illegible]鴻風薰[illegible]

美夜鵲棲鴛蕙帳空滿寂詩書元未試會心[illegible]
堂與[illegible]同白憐華髮無歸夢慚愧宜寬勿外游
[illegible]吳歌因深思舞絡怨歸程幸曉
淒臺迫暮樹鍾江秋管吹蕭等漸低水檻戍月
下小城烟漲回流日淵南春春草生[illegible]
[illegible]著舊[illegible]白送客鬼揶揄讀水望江
海秋風吹輸鱸貴人千騎長紫綬左魚符遺愛
明南閩驢聲度舊吳曉霜繁橘柚過雨熟菰蒲
安得如吾子為君[illegible]
[illegible]一尉東[illegible]昔句已童郎君扇
一枕家山曉[illegible]千里[illegible]深睛臥蟫
一江春水浮看[illegible]為具扁舟
破浪風[illegible]看思窮絲
四者難并[illegible]經
迎籃攀春[illegible]
山公方[illegible]

吴郡志卷第四十九

吳郡志卷第五十

吳郡范　成大　撰

雜志

吳王僚時吳邊邑處女與楚邊邑脾梁之女蠶爭界上之桑二家相攻吳不勝更相伐滅吳之邊邑吳王僚怒伐楚取居巢鍾離

公子光伏甲士於窟室中具酒請王僚僚白其母曰公子光為我具酒期無變乎母曰光心

氣怏怏常有愧恨之色不可不防王僚乃被
棠銕之甲三重使兵衛陳於道自宮門至於
光之門階席左右皆王僚親戚使坐立侍皆
操長戟交軹酒酣光佯爲足疾入窋室使專
諸置魚腸劍炙魚中進之既至王僚前專諸
擘炙魚因推匕首立戟交軹倚專諸胷斷臆
開匕首如故以刺王僚貫甲達背王僚既死
左右共殺專諸衆士擾動光伏甲士攻僚衆
盡滅之遂自立是爲吳王闔閭以位遜季札

季札曰苟先君無廢祀社稷有奉乃吾君也

吾誰敢怨乎哀死事生以俟天命非我生亂立

者從之是前人之道復命哭僚墓復位而待

子蓋餘燭庸二人將兵遇圍於楚者聞光殺

王僚自立乃以兵降楚楚封之於舒吳越春秋

越王勾踐既以西施鄭旦屬夫差又飾美女八

人納太宰嚭曰子苟能放越之罪又有美於

此者將進之嚭乃夫差君臣皆為美色所蠱

以致破國亡身焉

吳王夫差既為越王句踐所滅將死曰以三寸

帛幎吾兩目使死者[illegible]吾慚見伍子胥公

孫聖越王則解綬[illegible]史記正義曰今

之面衣是其遺[illegible]曰大巾覆也

晉安北將軍[illegible]謝[illegible]逢[illegible]譚溫不敢

款談者為歎[illegible]諱辭不言

枉直

儀安二年巨溢橋[illegible]今縣南為海西公從

居吳縣西七里[illegible]國門[illegible]衛常深

虞檟禍乃杜夔聰明終日酣暢太元十一年
殂于吳與夔合葬吳陵
隆安三年孫恩作亂[illegible]立自以人不習戰
所在多破亡吳國內史[illegible]謀出奔無錫內史
袁山松築扈瀆壘緣海備恩明年恩復入浹
口轉寇扈瀆害山松[illegible]元興元劉裕率軍
躡之復[illegible]恩遂
遠遁赴海自沉
咸和三年蘇峻[illegible]守方[illegible]三吳

晉陵宣城義興三郡[illegible]衆遣[illegible]尚於兵
縣爲尚所敗[illegible]吳國內史
蘇峻之亂郡人顧衆[illegible]義[illegible]還
吳潛圖義舉時吳國內[illegible]奔會稽以
蔡謨代之將[illegible]爲峻[illegible]兵於兵衆還人
諭抵抵從之衆遣告謨曰[illegible]
時而蔡謨乃檄衆爲本國[illegible]軍
參軍顧颺爲前鋒督護吳中[illegible]同[illegible]
遣將弘徽鼓行而前衆[illegible]擊[illegible]

祚大破之謨以庾冰還任使去郡衆遣颺率
諸軍屯無錫恐賊從海虞道入衆自往備之
賊帥張健使馬流攻無錫颺等大敗冰亦失守
健等遂據吳城衆自海虞由婁縣東倉與賊
戰破之義軍又集進屯烏苞會稽內史王舒
吳興內史虞潭并擬衆為五郡大督護潭前
鋒戰沒衆還守紫壁賊黨劉銳義軍沮退人
咸勸衆還東過浙江衆曰不然今守固紫壁
可得全錢唐路西五縣若過它境便為寓軍

控引無所[illegible]地也[illegible]人范明謂衆曰此
地險要可以[illegible]衆乃從明爲參軍合諸軍
復濟討[illegible]阿留與錢弘爲吳令與軍
王含之亂即斬以[illegible]進[illegible]吳城遣督護朱祈
等九軍攻賊大破之峻[illegible]論功衆以承機奮
義推功蔡謨謨以衆倡誅非己之力俱表相
讓論者美之封鄱陽縣伯
蘇峻之役王導潛與[illegible]宣太后詔[illegible]
吳速起義軍閒道與郡[illegible]支運困[illegible]章以給

軍又與吳郡内史蔡謨等招集義兵討峻
蘇峻反遣其徒管商等攻吳郡焚吳縣海鹽嘉
興敗諸義軍峻敗後其將劉徵又率衆數千
浮海入婁縣詔以郗鑒都督諸軍事討平之
亘元太元末補義興太守鬱鬱不得志嘗登高
望震澤歎曰父爲九州伯兒爲五湖長棄官
歸國
王廞以母喪居吳王恭舉兵假廞建武將軍吳
國内史令起軍爲聲援廞即墨絰合衆誅殺

異巳仍遣前吴國内史虞肅父入吴興義興
聚兵衆潰奔走不知所在
慕容皝僭位於燕以吴人爲吴縣隸燕國
符堅將寇晉引群臣會議太子左衛率石越對
曰今歲鎮星守牛斗福德在吴懸象無差未
可犯也
宋江夏文獻王義恭善騎馬好遊行或二三百
里孝武帝聽其所之東至吴郡登虎丘山又
登無錫烏山以望太湖

王僧達爲吳郡太守以屢遷失意吳郭西臺寺多富沙門僧達求須不滿欲遣主簿顧曠率門義劫寺中沙門竺法瑤財數百萬又立宅於吳多役工力坐免官

唐光啓初劇賊剽崑山招討使周寶遣將張郁戍海上郁叛刺史王蘊謂將兵還休不設備郁遂大掠蘊嬰城守寶遣兵討郁郁保常熟遂走海陵

楊茂實爲蘇州刺史南面招討使周寶之壻也

重斂人不聊生田令孜以趙載代之茂實不
受命實表留不聽乃殘郛署汙垣墉而去
淮將楊行密寇姑蘇别將秦裴屯崑山吳越將
顧全武擊裴圍之於崑山甚急裴援絶不降
頗殺傷士卒全武爲長檄諭之裴乃納欵
光啓中六合鎮將徐約攻陷蘇州逐刺史楊茂
實擾其地刼吳越貢賦錢鏐遣其弟銶率兵
破約約竄入海中刼剽中箭死鏐以海昌鎮
將沈璨權知州事

龍紀中錢鏐既破走徐約詔給事中杜孺休爲
刺史大順元年李裕陷蘇州制置指揮使沈
璨害孺休及其兄延休而奔錢鏐鏐將誅之
遂奔孫儒儒復以璨爲蘇州制置使孺休延
休異母弟同日生至是同日死人咸異之
景福元年[illegible]命從弟銶爲蘇州招
緝使乾[illegible]又命曹圭爲蘇州制
置使皆[illegible]
後梁開平中[illegible]姑蘇錢鏐命其弟鋸鏢

帥江[illegible]外夾攻生擒淮
將何[illegible]三千餘人獲兵甲生口
三千萬[illegible]巡姑蘇淮人
圍姑蘇[illegible]百計專製守禦
之具[illegible]攻城設高竿上着大
輪盤載[illegible]運出城外而反其
滿擊鼓[illegible]賊兵盡露因加矢石淮
人[illegible]城聲如雷城中大懼
公乃盡發公[illegible]巨木張之蔽于城

侯[illegible]之[illegible]著絹中[illegible]計遂退[illegible]
[illegible]子鑒入吳郡以廂公蘇單于
[illegible]吳郡太守吳興太守張[illegible]舉兵討景嵊稱
之于[illegible]號令[illegible]唯吳郡以西南陵以北
而已吳[illegible]郡殺蘇單于推
前淮南[illegible]寧為[illegible]
[illegible]驅掠居民東趨
吳郡侯[illegible]有船二百艘
眾[illegible]數十人單

制定推[illegible]
陳吳州刺史[illegible]曰吾君
之子也[illegible]嚴同據
吳之地[illegible]栅於晉陵城
東[illegible]州自義興入
太湖[illegible]破[illegible]迴兵擊孅大破
之文[illegible]州[illegible]衣道士服棄城
走[illegible]以[illegible]衆保[illegible]隋[illegible]擊破之孅
民家爲人所執送長安斬之吳會悉平[illegible]

隋大業九年劉元進舉兵應楊(從亠從ム)感將渡江而(從亠從ム)感敗吳郡朱燮晉陵管崇亦舉兵共迎元進據吳郡衆至十萬燮還俗道人長不滿七尺涉獵經史頗知兵略時為崑山博士知天下將亂誘諸學子而起兵赴者如歸自東陽至京口千餘里並受燮節度崇隱居常熟美姿容少不羈長七尺三寸推崇為主煬帝將吐萬緒進軍逼之相持百餘日為緒所敗保於黃山緒復破之崇戰死帝令江都郡丞

王以先發[illegible]之世充既渡江元進與崇俱爲世充所殺魁帥先降世充於通聖寺佛像前焚香爲誓誓不誅殺吳人聞世充有信誓一旬之間歸首略盡世充貪而無信利在子女資財悉坑斬首八千餘人於黃山之下時以爲負誓違降不祥武德之際果遂誅夷

唐武德二年李子通度江攻沈法興法興兵敗陵稱吳杜伏威遣輔公祏攻子通子通大敗

東走太湖收合亡散得一萬人襲法興於吳郡大破之法興帥左右數百人棄城走吳郡賊帥聞人遂安遣其將葉孝辯迎之法興中塗而悔欲殺孝辯更向會稽孝辯覺之法興窘迫赴江溺死子通軍勢復振帥其羣臣徙都餘杭盡收法興之地北自太湖南至嶺東包會稽西距宣城皆有之伏威將王雄誕擊子通子通降聞人遂安據崑山無所屬伏威使雄誕擊之以崑山險隘難以力勝乃單騎

宣見城下陳國威恩示以禍福遂安感悅帥
諸將將卒大具伏威益有淮南江東之地
上元元年劉展反江淮都統李峘自潤州奔宣
城副使李莊用曰以數十州之兵食三江五
湖之險固不發一矢而棄之非勇也收散卒
得七百人東至蘇州募壯士得三千人立柵
以拒展與展將張景超戰於郁墅兵敗景超
遂據蘇州以其將楊持璧為蘇州刺史明
年展敗餘黨悉平驍將王恒引兵東走至

常熟而降

永貞二年李錡跋扈於浙西朝廷以杜兼爲蘇州刺史兼辭行上書稱錡且反必奏族臣上然之留爲吏部郎中元和二年錡果反以其腹心姚志安處蘇州蘇州刺史李素爲志安所虜錡敗乃免

白居易自杭徙蘇首尾五年自云兩地江山遊得遍五年風月詠將殘可謂極官遊之適矣其在蘇按西武丘詩云領郡時將久游山

數幾何一年十二度非少亦非多一月一
遊武丘矣此詩中又識僧行容蒲嬋態十娘
姓名殊不以爲嫌又因貢橘來沉太湖其詩
云十隻畫船何處宿洞庭山脚太湖心又自
太湖寄元稹詩云報君一事君應羨五宿澄
波皓月中則是又遊五日夜在湖心況舟雖白
公雅好搢紳習所尚不容東野當時文法網疎
不以爲怪古今時異有如此者其容刺
禹錫守蘇白爲河南尹又作憶舊遊詩寄禹

錫又有夢蘇州寄馮侍御詩，眷眷此邦甚厚。學則知吳在當時爲名邦樂國，能使賢者思之，而不志。今録其詩，以見一時人情物態之大略。

白居易憶舊遊

憶舊遊，舊遊安在哉？舊遊之人半白首，舊遊之地多蒼苔。江南舊遊凡幾處，就中最憶吳江隈。長洲苑綠柳萬樹，齊雲樓春酒一盃。閶門曉嚴旗鼓出，臯橋夕鬧船舫迴。脩娥慢臉燈下醉，急管繁絃頭上催。六七年前狂爛熳，三千里外思徘徊。李娟張態一春夢，周五殷三歸夜臺。虎丘月色爲誰好，娃宮花枝應夜開。賴得劉郎解吟詠，江山氣色合歸來。娟、態，蘇州妓名。周、殷，蘇州從事。

又夢蘇州水閣寄馮侍御

揚州驛裏夢蘇州，夢到花橋水閣頭。覺後不知馮侍御，此中昨夜共誰游。

咸通中崔璞守吳郡時皮日休爲郡從事與處士陸龜蒙爲文會之友風雨晦冥蓬蒿翳薈未嘗不作詩璞聞爲詩亦令兩人屬和吳中名士亦多與焉一年間所作盈積龜蒙裒爲十通日休名之曰松陵集

乾德丙寅平望村王氏女病魅言語倒亂多言灾異有戍都將楊恭者助之號天僊二娘子蘇帥聞之召入城居古宅中施符水旁郡人雲集其後虛夜之事發此女逃入人家踰年

乃獲杖之勒令嫁人收其金帛入於道宫
諺曰天上天堂地下蘇杭又曰蘇湖熟天下足
湖固不逮蘇杭爲會府諺猶先蘇後杭説者
疑之白居易詩云霅川殊冷僻茂苑太繁雄
惟有錢塘郡閑忙正適中則在唐時蘇之繁
雄固爲浙右第一矣
楊備郎中天聖中爲長溪令忽夢作詩云月俸
蚨錢數甚微不知從宦幾時歸東吳一片輕
波在欲問何人買釣磯意甚異之明道初爲

五十卷　十三　金陳

華亭令丁內艱遂家吳中樂其土風安之因悟夢中語嘗效白樂天作我愛姑蘇好十章又作姑蘇百題詩行於世

吳郡解額自祥符閒定制秋舉以四人爲率慶曆中應舉者止二百人范貫之龍圖送錢正叔赴舉序已言四人之額視它藩爲最寡熙豐閒舉人漸多增至六人三舍法行罷科舉法歲貢四人舍法罷合三年之數爲十二人紹興丙子增流寓一名今終場之士二千猶

爲額窄也
大觀中章莊敏公質夫之子綎爲時相誣以盗
鑄詔開封尹李孝壽來置獄連逮千餘人屯
甲士圍其家鉦鼓聲徹晝夜郡人震駭獄不
成又遣御史沈畸蕭服姚某來重鞫之甚至
州人多閉户或自門隙中窺觀不敢正視識
者知其非太平氣象其後遂有建炎金狄之
禍方章氏事前城中小兒所在羣聚而唱云
沈逍遥沈逍遥莫知其由已而三御史至

丁晉公兒童時嘗從老郁先生學郁居光湯巷
淳化中公自參知政事拜平江軍節度使知
昇州以本鎮節旄還家首詣郁居拜之堂下
郁呼曰拜殺老夫矣話舊款密且云謂少年
狹劣先生教誨痛加榎楚使得成立皆先生
賜也郁没公遣吏治後事甚嚴
本朝陳文惠公堯佐能爲詩世稱其吳江詩云
平波渺渺煙蒼蒼菰蒲纔熟楊柳黄扁舟繫
岸不忍去秋風斜日鱸魚鄉今吳江口有鱸

鄉亭蓋取公句

江鄰幾善爲詩清淡有古風蘇子美坐進奏院事謫官後死吳中江作詩云郡邸獄寃誰與辨皋橋客死世同悲用事甚精當劉貢父詩話

南北章本建安人郇公得象之裔後徙居吳兩族申公子厚家州南莊敏公質夫家州北兩第屹然相望甲於郡越人號爲南北章今其兩族子孫仕者不絕

賀鑄字方回本越人後徙居吳之醋坊橋作吳

趣曲甚能道吳中古今景物方回有小築在盤門外十里橫塘常扁舟往來作青玉案詞黄太史所謂解道江南斷腸句如今只有賀方回即此詞也

王明之岐公之子在姑蘇有所愛比至京師爲公強留之逾時作詞云黄金零落大刀頭玉筯歸期畫到秋紅錦寄魚風逆浪碧簫吹鳳月當樓伯勞知我經春别香蠟窺人一夜愁好去渡江千里夢滿天梅雨是蘇州句甚工

石林詩話

葉左丞夢得居吳下一日出閶門至小寺中壁間有題詩一絶云黄葉西陂水漫流籧篨風急送扁舟夕陽暝色來千里人語雞聲共一丘意極喜之而不書名氏寺僧云吳縣主簿寇國寶所作也國寶徐州人從陳無已學云

石林詩話

朱冲本以常賣爲業常賣者收拾毀弃及破缺畸殘器物沿門販鬻者以過犯再杖脊而徒

後乃變業賣與家浸温能以錢米衣藥賙給
飢寒老病者宣政間其子勔因中貴人遂以
花石得幸人家園館及墳墓有一花一木之
佳者悉用黃封徑取之并鑿太湖石同載以
進奉京師謂之花石綱所過橋梁礙綱者毀
折以過發運司綱舟悉撥充花石綱父子俱
建節鉞即其家作雙節堂又畫　徽廟御
容立御容殿於家監司郡守就朝朔望日勔
嘗預曲宴上親握其臂遂以黃帛纏之與人

揖不舉此嘗弟姪聯姻帝族園丁悉賜金紫
靖康初元劻伏誅竄其家海上其門下人得
告身者盡褫之今其地爲張循王宅
闔閭十年國東有夷人侵逼吳境吳王大驚令
所司點軍王乃宴會親行平明出城十里頓
軍憩歇今憩橋是也王曰進軍所司又奏食
時已至今臨頓吳軍宴設之處今臨頓是也
夷人聞王親征不敢敵收軍入海據東洲沙
上吳亦入海逐之據沙洲上相守一月屬時

風濤糧不得度王焚香禱天言訖東風大震
水上見金色逼海而來遶吴王沙洲百匝所
司撈漉得魚食之美三軍踊躍夷人一魚不
獲遂獻寶物送降欵吴王亦以禮報之仍將
魚腹腸肚以鹹水淹之送與夷人因號逐夷
夷亭之名昉此吴王回軍會群臣思海中所
食魚問所餘何在所司奏云並曝乾吴王索
之其味美因書美下着魚是爲鮝字今從失
非也魚出海中作金色不知其名吴王見腦

中有骨如白石號爲石首魚吳地記

吳郡志卷第五十

按烏程張石銘先生影宋重刻吴郡志校記云吴郡志五十卷宋范成大致能撰致能又號石湖居士吴郡人紹興二十四年進士孝宗時累官權吏部尚書參知政事進資政殿學士提舉洞霄宫卒謚文穆事蹟具宋史本傳此書為石湖晚年所作吴郡舊有吴地記吴郡圖經續記石湖彙集舊書翦裁新事凡分三十九門徵引浩博敍述簡核遂為地志中之善本郡人龔頤正滕茂周南相與贊成之時有求附於籍不得者會石湖歿乃騰謗謂不出於其手遂寢不行至紹定初廣德李壽朋始為鋟版趙汝談為之

序以周平園所撰石湖墓誌定是書實所自為并申
明龔滕三人者嘗為石湖蒐訪故謗有自來其論乃
定壽朋又以是書止紹興三年其後諸大建置如百
萬倉嘉定新邑許浦水軍顧涇移屯皆未及載復令
校官汪泰亨補之而不別行亦為提要所譏此本猶
為紹定槧本每半頁九行行十八字大小字同高七
寸廣五寸半白口單邊古香靄然攷烏程張石銘先
生重刻宋本吳郡志跋語内載此書第十五第二十
一第二十二第三十之前九頁原缺皆前人據舊本
鈔配摸印今是書第十五第二十一第二十二第三

十之前九頁皆宋時原刻原印絶非後人鈔配摸補又張刻卷二十第一第二兩葉因原本殘缺未刻祇留空格是書完全無損大足以彌張刻之缺憾況印本又遠出其祖本之上天壤瓌寶一旦由晦而顯誠爲書林之一重要發見也歲在丁丑二月紹縣朱遂翔謹識

乃以國中國所□石[illegible]
明□□三人會□□□□□□□□□□乃
定壽別又以是書止紹興三年□□□□建置以古
萬全嘉定新邑皆湖水軍□□□□皆未及載□令
□□□□□□而不別行亦為提要所譏此本□
為書林□本□異□見也□□□安□□□□□□
本□□□出其□年足□□□□□□□□□□
留室□其書宅合□□□見□□□□□□□□
又□□□二十□十□□□□□□□□□□
十□□□□□□□□□□□□□□